JN027349

カンマの女王のギリシャ語をめぐる
向こう見ずで知的な冒険
Adventures of the Comma Queen

メアリ・ノリス　竹内要江 訳

左右社

GREEK TO ME

マイルズとディーに、
わたしたちの両親の
マイルズとアイリーン・ノリスの思い出に。

Japanese translation rights arranged with
W. W. NORTON & COMPANY, INC.
through Japan UNI Agency, Inc., Tokyo

もくじ

❦

人生の外側は大きく変化しても内側はさほど変わらないのであり、わたしたちがけっして学び終えることのない教科書とは人間の経験なのだということを心に留めておかなくてはならない。　──エディス・ハミルトン『ギリシャ流』

A	α	アルファ	alpha	A
B	β	ベータ	beta	B
Γ	γ	ガンマ	gamma	C
Δ	δ	デルタ	delta	D
E	ε	エプシロン	epsilon	E
Z	ζ	ゼータ	zeta	Z
H	η	イータ	eta	E
Θ	θ	シータ	theta	Th
I	ι	イオタ	iota	I
K	κ	カッパ	kappa	K
Λ	λ	ラムダ	lambda	L
M	μ	ミュー	mi	M
N	ν	ニュー	ni	N
Ξ	ξ	クサイ	xi	X
O	ο	オミクロン	omicron	O
Π	π	パイ	pi	P
P	ϱ	ロー	rho	R
Σ	σ, ς	シグマ	sigma	S
T	τ	タウ	tau	T
Υ	υ	ウプシロン	upsilon	U
Φ	φ	ファイ	phi	Ph, F
X	χ	カイ	chi	Ch
Ψ	ψ	プサイ	psi	Ps
Ω	ω	オメガ	omega	O

序 章

祈り
[INVOCATION]

　詩神<ruby>詩神<rt>ムーサ</rt></ruby>よ、ギリシャにまつわるあらゆることをわたしのなかで歌いたまえ。想像をふくらませ、五感を愉しませ、人間の生を拡大するものごとを。ホメロス以前の時代から3000年以上もの時<rt>とき</rt>を経たものごとを。当時は古臭くても、いまとなっては斬新なもの——そう、それは永遠。無理なお願いでなければ、どうか、ムーサよ。

　自分は外国語が得意だと、なんでまた思い込んだりしたのか。高校時代のフランス語の授業はたいしてやる気もなかったのに、カヤホガ川のほとりではなくソルボンヌで学べたらと夢見ていた。あれは3年生のときだったか、ラテン語を学ぼうとして父に反対された。修道女たちが教えてくれる土曜日のラテン語講座に参加する何人かのひとりに選ばれて、わたしはやる気まんまんだった。なのに、父はにべもなくはねつけた。彼は実用第一<ruby>実用第一<rt>プラグマティズム</rt></ruby>の男だった。丸一日詰めると二日は休み、という具合に消防署で働いていた。そのほかにも屋根を葺<rt>ふ</rt>いたり、配管工事をしたり、大工仕事をしたり、床にリノリウムを貼ったりといった家まわりのことならなんでもできた。仕事が少ない大恐慌のさなかに育ったせいで、父にとっては安定がなによりも大切だった。

ラテン語を勉強させてと頼んだら、めらめらと燃え上がったわたしの勉学への情熱の炎を父は消防用長靴で踏み消した。プロの手並みで。女性が学をつけることに反対だった？──そのとおり。わたしが修道女たちに言いくるめられて、結婚して近所に落ち着くかわりに、女子修道会に入るのを警戒した？──おそらくは。ジョン・ミルトンの父親は息子の聡明さに気づいて、彼が幼いころからラテン語とギリシャ語の家庭教師をつけたという逸話を聞いたことがなかった？──まちがいなく。死んだ言葉をおそれていた？──まさに！　10代のころ父は3つの学校を退学になり、祖母によってカナダのオンタリオに住む伯父のもとへと送られた。その伯父はイエズス会の神学生として学んでいたのだが、誓願を立てる寸前に翻意して（いわゆる還俗というやつだ）、オンタリオに戻り養豚の仕事に就いた。ジムおじさんは父にいくつかのことを教え、父はそれを夕食の席でわたしたちに伝えた。馬にリンゴを食べさせる適切な方法（片手をぴったりつけておく）だとか、大岩を山頂まで運んでも必ず転がり落ちるのでまた一からやり直さなければならない、永遠につづく罰を受けたシシュポスの神話だとかを。それは、どこまでも暗い人生の教訓のようだった。ミニサイズのシシュポス像を授与されるのにふさわしいおこないとはどんなものだろう。失敗しても、投げ出さずにまた努力すること？　希望を持ち続けること？　平凡きわまりない生活をあくまでも守ること？　いずれにせよ、未来永劫つづく罰が下されたタルタロスのシシュポスの話を伝える古典と、素行がよくなかったせいで遠くオンタリオの片田舎にある母方の先祖の土地へと罰として追いやられたことは父のなかで結びついていた。それで、修道女たちが土曜日のラテン語講座に参加しないかと声をかけてくれたとき、父は「だめだ」と答えたのだ。脳が多くを吸収

できる時期にラテン語を学ぶチャンスをわたしはみすみすつかみそこねた。

　大学に入ってからも引き続きフランス語を1年間勉強して、そこで区切りをつけた。ところが、3年生の言語学のクラスでラテン語への情熱がふたたび燃え上がった。もうすぐ大学も卒業だ。将来はどうするのか、いよいよ決めなくてはならない。大学4年間のリベラルアーツ教育とは愉快なおふざけであり、現実からの合法的逃避であり、リチャード・ニクソンとヴェトナム戦争に背を向ける手段であり、キャリアと責任を猶予される期間なのだとわたしは見抜いた。それならばラテン語を、死んだ言葉を学ぼう。何の役にも立たない言葉だからこそ、学ぶのだ。そして、オタク道を愉しく究める。あにはからんや、言語学のホイットニー・ボルトン先生はわたしを思いとどまらせようとした。先生いわく、ラテン語を勉強したところで英語の理解が深まるだけだ。それのどこがいけないのか、当時のわたしは聞いてみようとは思わなかった。言語学者の多くが、人間には生まれつき言語習得の力が備わっているという説を信じていることを思い出してほしい。英語の理解を深めるためのラテン語はわたしには必要なかった。わたしはボルトン先生に好意を抱いていた——丸っこい頭をスポーツ刈りにした先生は、映画《冬のライオン》でリチャード王子役を演じたアンソニー・ホプキンスみたいだった。その先生が、旅行先で役立つ、生きた言葉を学んだほうがいいと言ったのだ。わたしが旅行したがっている、と先生はなぜだかちゃんとわかっていた。ラテン語はバチカン内でしか話されていない。それで、わたしは1年間ドイツ語を学ぶことにして、ラテン語のことは忘れることにした。いままで、あちこちに旅をしているが、ドイツには行っていない。オクトーバーフェスト〔ミュンヘンでおこなわれる世界

最大のビールの祭典〕に足を踏み入れたら、まちがいなくわたしの舌はもつれっぱなしになるから。とはいえ、ドイツ語を学ぶあいだに英語への理解はおおいに深まったのだが。

　その後、わたしの死んだ言葉への興味は西暦にして1982年ごろまで休眠状態にあった。当時、わたしは『ニューヨーカー』で働きはじめて4年目で、校正の仕事をするに当たり、『ニューヨーカー』スタイルの大アルカナ〔タロットの基本となる寓意画が描かれた22枚のカードのこと。要は仕事のイロハ〕を習得せんと奮闘していた。仕事をつづけるうちに集約部に配属されて、そこでほかの人たちの作業に目を通してさまざまな編集上のコツやスキルを学ばなくてはならなかった。集 約〔コレイティング〕は、ワードプロセッサーにとってかわられて久しいが、『ニューヨーカー』編集プロセスにおける要（かなめ）だと言えるのかもしれない。記事の編集者、執筆者、編集長（当時はウィリアム・ショーン）、エレノア・グールド（『ニューヨーカー』の有名な文法学者〔グラマリアン〕）、校正者、事実確認係、名誉棄損の法的チェックを経て校正刷りが届くと、わたしたち集約係は、印刷に回すためのまっさらなゲラに編集者が受け入れた修正を、不要なものを取り除きながら書き写していった。そして、集約作業を終えるとゲラをファクシミリ（当時の最先端技術だ）で印刷所に送った。すると一夜にして版が刷り上がる。恥をかかないようにまちがいを指摘してあげるのは爽快な気分だった。あるとき、ランチから戻ると、編集者のガードナー・ボッツフォードがわたしのデスクに座っていた。口うるさい執筆者から逃げてきたのだ。その執筆者はそのときちょうど、「ガードナー？」と彼女の名を呼びながら廊下を歩いているところだった。

　ある週末、わたしはアッパー・イースト・サイドの映画館で《バンデットQ》を観た。監督はコメディ番組《空飛ぶモ

ンティ・パイソン》のテリー・ギリアムで、ジョン・クリーズとマイケル・ペイリンが出演していた。スクリーンのなかでは時空移動をする小人たちが昔のお宝を手に入れていた。古代ギリシャのシーンでは、ショーン・コネリーがアガメムノン役で特別出演し、牡牛の頭をかぶったミノタウロスのような男と決闘をしていた。荒涼として、乾燥したその風景は、鎧に身を包んだショーン・コネリーの雄姿にいっそう引き立てられていた。わたしはそこに行ってみたくていてもたってもいられなくなった。ミノタウロスがいるのはクレタ島だ（その迷宮はイラクリオン近くのクノッソスにある）ということや、アガメムノンがペロポネソス半島出身だというのは有名かもしれないけど、どうでもいい。アガメムノンと弟のメネラオスはアトレウスの息子であり、アトレウスはペロプスの息子で、半島の名はこのペロプスに由来する。だが、ショーン・コネリーがあまりにまぶしかったので、脚本家が神話を歪曲していたのにまったく気づかなかった。そのギリシャのシーンの撮影がモロッコで行われたことにも。

　映画を観ているうちに、小学校の地理の授業の調べもの学習の時間に連れ戻された。わたしはクラスのお調子者、ティムという男子とペアを組まされて、ギリシャについてのレポートを書くようにという宿題が出た。わたしたち（ほとんどはわたしだ）は、ギリシャの主要産物を紹介するポスターを作成したのだが、岩だらけの乾燥した大地（映画のなかの風景と同じで、草も生えず、緑は見当たらず、牛よりも山羊のほうが多い）からオリーブやブドウが育ち、それを搾ってオイルやワインがつくられるという事実にわたしはとても心動かされた。ひどく荒涼とした土地からそこまでの豊かさが生み出されるという事実にびっくりしたのだ。

《バンデットQ》を観た翌日、わたしは『ニューヨーカー』

の上司、エド・ストリンガムにギリシャに行きたいと打ち明けた。エドは集約部の長だった。型破りな勤務スケジュールと、厳しく学び続ける姿勢、人に本を勧める才能で職場では有名人だった。彼は正午ごろにやって来て、窓（しっかり閉ざされている）のそばの年季の入った肘掛け椅子に泰然と腰を下ろして煙草をふかし、テイクアウトしたコーヒーに口をつける。そこに彼の友人のベアタがよく訪れた——ベアタは詩人のＷ・Ｈ・オーデン（彼のことは「ウィスタン」と呼んでいた）とアミティヴィルに住んでいた作曲家のベンジャミン・ブリテンの知り合いだった。スコットランド出身の詩人でボルヘスの翻訳者でもあるアラステア・リードもよく立ち寄ってエドと話していった。エドはたいていそのまま夜中の1時か2時までオフィスでひたすら読んでいた。音楽を勉強していたわたしの弟は、夜間に営業部門のフロアを掃除するアルバイトをしていたのだが、よく上がってきてエドとフィリップ・グラスやグレゴリオ聖歌について話をしたそうだ。

　ギリシャに行きたいとわたしが言ったら、エドは大よろこびだった。そして、壁に貼ってあるヨーロッパの地図で、彼がはじめてギリシャに旅行したときに訪れた場所を説明してくれた。概略を知るためにクルーズ船に乗ってねと、すまなさそうに話した。アテネからピレウス、クレタ島、サントリーニ島（ティラとも言う。島にあるカルデラの内縁を観光客がロバの背にまたがってのぼる）、ロドス島、そしてイスタンブール。エドは何度も再訪していた。北はテッサロニキとメテオラ、西はヨアニナとイグメニツァ、そしてその先のケルキラ島と、ペロポネソス半島にぶら下がっている3つの半島の真ん中に位置するマニ半島。彼は聖なる山、アトス山を指さした。そこはギリシャ正教会の修道士たちのための岬で、女人禁制だからメンドリ一羽だって入りこめない。それからエドは本棚

から薄いペーパーバックを抜き出した―― Ｊ・Ｔ・プリング
による『初心者のためのギリシャ語読本』を。そして、その
上にかがみこんで、ページから数センチのところまで目を近
づけ、文章を翻訳しだした。

「読めるんですか」わたしはびっくりして尋ねた。こんなア
ルファベットで書かれた言葉を読み書きできる人がまさか身
近にいるなんて。

「もちろんさ」エドは上半身を起こしてそう答えると、また
目の焦点を合わせた。彼の青い目が眼窩のなかで揺れていた。

　ギリシャ語を読解するエドの姿を目の当たりにしたのは、
わたしにとってはヘレン・ケラー的瞬間だった。ギリシャ語
って理解できるんだ！　シェイクスピアの『ジュリアス・シ
ーザー』の、キャスカの有名なセリフ、「ちんぷんかんぷんだ
（It was Greek to me.）」みたいに、意味不明なわけじゃないん
だ。ギリシャ語は読解可能だという証人が目の前にいる。子
どものころ、わたしは読み書きを覚えるのが大好きで、文字
と音とをつなぎ合わせ、単語を組み立て、レストランの看板
や豆の缶詰のラベルやなんかを次々と読み解いていった――
読み書きの暗号を解読していく作業が大好きだったのだ。大
学と大学院である程度英米文学を堪能したあとでも、わたし
はまだ発音のルールを味わい、統語の仕組みを楽しんでい
た。そして、いままた心機一転、まったく新しいアルファベ
ットを学べるだなんて。わたしはひどく興奮した。5年生に
戻れたんだ。今度はお父さんも「いいぞ！」と言ってくれた。

◎◎

　ほどなく、エドはギリシャにまつわるあらゆることをわた
しに個人教授してくれるようになった。彼が真っ先に教えて

くれたのは、現代ギリシャ語には大きく分けて2種類あるということ。民衆の言葉である「ディモティキ」と、19世紀初頭にギリシャの知識階層が、現代ギリシャ語に過去の栄光を取り込むために考案した、純粋文語の「カタレヴサ」だ。1970年代までカタレヴサはギシリャの公用語であり、法律文書やニュース報道などで使われていたが、人びとがそれを口にすることはほとんどなかった。わたしはまず、ディモティキを教えてくれるギリシャ語のクラスと、最新版の現代ギリシャ語・英語辞書を探すところから始めなければならなかった。

　もちろん、ギリシャ語がわからなくてもギリシャ旅行はできる。だが、海外へのはじめての冒険でイギリスを訪れたとき、言葉の壁はないはずなのに奇妙な疎外感につきまとわれたことがずっと引っかかっていた。ロンドンでは、エレベーターなのかリフトなのか、アパートメントなのかフラットなのか、どんな言葉を使えばいいのかわからなくなった。イギリス式の言葉を口にする怪しい人になった気分だった。そのうえ、例の発音──「スケジュール」ではなく「セジュール」と口にするとき、わたしは耐えがたいほどに自意識過剰になった。どこに行っても、わたしは目立つアメリカ人だった。なんでそうなっているわけ？　このままギリシャに行ったら、わたしは二重に疎外される。そこで、ニューヨーク大学の継続教育部門の現代ギリシャ語のクラスに申し込んだ。費用は『ニューヨーカー』が出してくれた。仕事と関係のある科目の授業を社員が取る場合は会社が費用を負担してくれることになっていたのだ。

　わたしがギリシャ語で最初に学んだ言葉は、「イリオス ílios」（太陽）と「エフハリスト eucharistó」（ありがとう）だった。外国語の単語を覚えるとき、学習者は母国語と関連づけ

ようとする。ギリシャ語の「イリオス」が英語だと「ヘリオ
ス Helios」になると気づいて、わたしは興奮した。英語では
太陽神を表す言葉が、ギリシャ語では太陽を意味する日常語
になっているだなんて。どうやらギリシャ語は万物を至高の
存在にするらしい。同じことがエフハリストにも言える。パ
ンと葡萄酒がキリストの体と血となる奇跡を表す、英単語の
「Eucharist 聖体」はこの言葉に由来する。ギリシャ語では
「エフハリスト」と発音され、小一時間もあれば何度も言い
交わされる。英語の「I thank you（感謝します）」には、Eucha-
rist からにじみ出る、与えられ、また受け取られる贈り物と
いう両義的な意味はない。eu は、英語の「Euginia ユージニ
ア」（生まれの良い）だとか「euphemism 婉曲語法」（当たり障り
のない、親切で丁寧な言い回し）に入っており、charis の部分は、
英語では「charisma カリスマ」や、「charism 天職」（宗教共同体
がある特定の職業や賜物を表すのに使われる）などに見られる。ギ
リシャ語で「ευχαριστώ」と言うとき、それは丁寧さを表し
ていて、どんなささいなやりとりにも祝福が込められている
かのようだ。

「ありがとう」を意味するエフハリストと一緒に学んだ「パ
ラカロ parakaló」という言葉は「お願いします」と「どういた
しまして」の両方の意味があり、イタリア語の「prego 乞う」
と似ている。わたしはこのパラカロを英語の「Paraclete 聖
霊」とを結びつけた。「Paraclete」とは、五旬節に降臨した聖
霊を表すのに使われる言葉であり、鳩が燃える炎の舌となっ
て使徒たちのもとに降り立ち、言葉を授ける。気づいていな
かったけど、この2つの言葉のあいだには語源的共通点があっ
た──「パラカロ」には、文字どおりには「呼ぶ」や「呼び
出す」という意味があるのだが、いっぽうの「Paraclete」に
は「呼ばれた人」という意味がある。わたしはなんだって暗

記を助ける道具にして、利用するのだ。Παρακαλώ!、かかってこい！

　エドの指導のもと、ホメロスやヘロドトスなどの古典も翻訳で読みはじめ、現代ギリシャの旅行記も読んだ。まるで、独学で築いたイメージに合わせてわたしをつくり直すかのように、エドは本を何冊も積み上げた。ケルキラ島、ロドス島、キプロスに住んだローレンス・ダレル。第2次世界大戦前にギリシャを訪れ、存命の偉大な詩人と親しくしたヘンリー・ミラー。英国の戦争の英雄であり、旅行作家のパトリック・リー・ファーマーは『ルメリ　ギリシャ北部の旅』と、ペロポネソス半島南部の孤立した半島を取り上げて、カルト的人気を誇る『マニ』を著した。それらに加えて、アレクサンドリアに住んだギリシャの詩人、コンスタンディノス・カヴァフィスによる貴重な詩集2冊（小口が不ぞろいなアンカット製本の時代のものだ）をエドはわたしにくれた。手渡しながら「きみはわたしを超えるんだ」とエドは言った。

　ニューヨーク大学で、その後バーナード・カレッジで1年間学んだのちに、わたしはギリシャに旅立った。空港まで見送りに来てくれたエドはフライト前の儀式をわたしに伝授した。空港には早めに到着してチェックインを済ませ、一杯やりはじめる。プロペラができるだけたくさん付いている飛行機に乗れるように、空の神であるゼウスに酒を献じようじゃないかというのが飛行機嫌いのエドの提案だった。

　このギリシャへの処女航海の期間中に、ほとんどオハイオに閉じ込められていた子ども時代の埋め合わせができた。エーゲ海の船上でウゾをちびちびとやりながら、海の美しさにうっとりして、帰国したら古典ギリシャ語を学ぼうと心に決めた。わたしより前にこの海を渡ったギリシャ人の書いたものを何でも読めるようにするのだ。

　ニューヨークに戻ると、コロンビア大学のギリシャ語入門の講座に申し込み、深く考えずに請求書を新編集長のトニー・ギブスに提出した。初期の『ニューヨーカー』の編集者であるウォルコット・ギブスの息子だ。信じられないことに、わたしの申請は却下された。古典ギリシャ語はわたしの仕事とは無関係だというのが彼の言い分だった。当時、校正係になっていたわたしは呆然とした。さっそく申し立て書類の準備に着手して、『ニューヨーカー』の誌面に登場するギリシャ語由来の言葉のリストを作成した。英語の「P」に相当する、数学記号の「π」（高校で幾何学を学んだ人ならおなじみだ）でもある「Pi」（パイ）から、「ophthalmologist」（眼科医）まで、あらゆる言葉を集めた。ギリシャ語のクラスで「目」を意味する「ophtalmós オフタルモス」という古典ギリシャ語をちょっとでも学んでいれば、「ophthalmologist」と綴ろうとして、ギリシャ文字の「フィー φ」に相当する ph ではなく p としてしまうというやりがちな誤りを避けられる。『ニューヨーカー』執筆者のジョン・マカフィーいち推しの「autochthonous 自生的な」（「自ら」を意味する auto ＋「大地」を意味する earth）という大地から自然発生するようすを表す言葉があるが、ギリシャ語の「カイ chi」（χ）と「ティータ theta」（θ）に相当する文字が連続して二重母音になっているというやっかいな特徴がある。こういうことなら大好きなのだ！

　嘆願を盤石なものにするべく、編集者にとっては神託を告げる存在も同然のエレノア・グールドに、校正部でわたしがしている仕事と古典ギリシャ語は関連していて、学ぶ価値があると証言する手紙を書いてもらえないかと打診した。するとエレノアは、自分はギリシャ語を何年も学んだわけではないから知識が不足しており、このままでは編集部を「無知ゆえのあやまち」から救えないかもしれないという手紙を書い

てくれた。カーテンを吊るすことからロシア語の読解まで、あらゆることにたいする彼女の知識は充分すぎるほどだったから、この文面は彼女にしてみたら破格の気前の良さだった。その手紙を友人で編集者のジョン・ベネットに見せたところ、「1匹のノミを撃つのに大砲を放つとはね」と言われた。まあ、おそらくそういうことだったのだろう。とにかく、手紙の効果はてきめんだった。トニー・ギブスは折れて、古典ギリシャ語はわたしの仕事に関係があると認めたのだ。それで、わたしは『ニューヨーカー』の資金援助を受けて、1980年代にコロンビア大学で古典ギリシャ語を学んだ。

◎◎

　その後の数年間、わたしは現代ギリシャ語と古典ギリシャ語を行ったり来たりした。旅行の前になると現代ギリシャ語をつめ込み、帰国したら古典ギリシャ語に戻るといった具合に。クイーンズ地区のギリシャ系アメリカ人街、アストリアに引っ越して、生きたギリシャ語のなかに身を置き、トゥキディデスに没頭した。ある年の夏にはテッサロニキでおこなわれた、現代ギリシャ語を学ぶ学生のための国際プログラムに参加したとき、ずる休みをして、ペロポネソス戦争のときにソクラテスが従軍していたポタイデアを訪れたりした。
　ギリシャでひとつの島に出会うと、同じ島に何度も通うようになる人もいるが、わたしはいつだって新しい場所に行くのが好きなのだ。これまでにエーゲ海、イオニア海、リビア海で泳ぎ、レスボス島、タソス島、イタキ島をバスでめぐり、オリンピア、カラマタ、スパルタまで車を走らせ、おもだった12の島からその名がついた、トルコ沿いにあるドデカネス諸島（「ドデカ dodeka」は12＋「ネス nisi」は島）を島から島へ

とめぐった。ある友達とサントリーニ島とナクソス島を訪れ、別の友達とパロス島に渡り、アンディパロス島（パロス島の対岸の、という意味）と小さな無人島のデスポティコ島にも一緒に行った。とても国際的な雰囲気の島のひとつ、ミコノス島は何年も敬遠していたのだが、いざ行ってみると、混雑して商業化されているのに、どうしてみんなここが好きになるのかが理解できた。とにかく美しい島なのだ。ローレンス・ダレルの言葉を借りると「キュビズムの」町で、建物に使われている白い漆喰がまるで海に転がり落ちていくようで、そこに鮮やかなブーゲンビリアの花が人目を引くアクセントになっている。アポロンゆかりの聖地で、デロス同盟の共同金庫が「アテネ帝国」の連邦準備金になるまで置かれていた無人のデロス島で一泊したかったのだが、フランス語で考古学を学んでいないと許可が下りなかった。遠く離れたギリシャの植民都市にもいくつか足を運んだ。ギリシャ語由来の名前をもつナポリ（「新しい都市」という意味の「ネアポリス neapolis」）、そしてシチリア島の南東に位置するシラクーサ。ここは、のちにアルキメデスの原理として知られるようになった法則を利用した体積の測定法を発見したときに「ユリーカ！」（見つけたぞ！）と叫んだ、あのアルキメデスの故郷だ。

　というわけで、わたしはギリシャにまつわるあらゆるものの虜になった。ギリシャという国は、愛さずにはいられない。海があり、島があり、古代の遺跡と携帯電話の電波塔が共存する風景、寺院の守衛はオリーブの林のなかで豊かさを測り、ロードス島の旧市街の通りには神々や哲学者の名前がついていて、グーグル・マップでたどっていける。当意即妙な現地の人たちが、大好きだ。長い茎のアーティチョークを売っている歯の欠けた農民、黒い服に身を包んだ老婦人たちは腕を取り合い、観光客を押しのけてフェリーへと向かって

いく。青い空と海と、キクラデス諸島の白い漆喰塗りの家や教会のドーム屋根から生まれるくっきりとしたコントラスト。バスのバックミラーには、運転手がつけた邪眼を跳ね返す数珠、人形、お守りがぶらさがっている。

　ギリシャの風景が愛しくてたまらない。山の頂から渓谷まで、オリーブやオレンジの林、そしてこの土地は古代からずっと耕され続けてきたのだという事実。動物たちも大好きだ——山羊、羊、ロバ、それに食堂でおねだりする、ずるがしこい猫やアテネの街角で寝ている野良犬たち。犬たちは現在生きている人間よりも街を知り尽くしているだろう。なにしろ、ペリクレスの時代からずっと、その知識は遺伝子に蓄積されて伝わってきたのだから。ギリシャ人がなんでもかんでも搾り出すところも好きだ。オリーブの実からはオイルを、ブドウからはワインを、なんであれウゾの原料となるものからウゾを（原料が何かはわからないし、わたしは気にしない。とにかく飲むだけだ）、羊の乳と塩からフェタ・チーズを、小石からモザイクを、そして石から寺院をつくり上げた。けっして豊かな土地ではないが、ギリシャ人は国民総生産を超越するやり方で豊かさを築いてきた。

　ギリシャ神話も大好きだ。神話の豊かさはヨーロッパ全土を透明な膜のように覆っている。オリンポスの神や女神の一族——ゼウスとヘラとヘルメス、アポロンとアルテミスとアテナ、ポセイドン、アレス、アフロディテ、それにヘパイストス、ハデス、ディオニソス、デメテルにペルセポネ——これらの神々は万人に何かを提供している。そして、神話に登場するのは神々だけではない。キュクロプスのような怪物もいれば、英雄ベレロホンがまたがる翼の生えた馬、ペガサスのような堂々たる存在もいる。英雄がいれば犠牲となる者がいる。オデュッセウスとアキレウス、オイディプスとアンテ

ィゴネー、アガメムノンとエレクトラ。物語の背景には装飾音のような自然が控える。鳥の群れの羽ばたきが成功や失敗の前兆とされ、岩の集まりや滝が一族の悲劇を記念するものとなる。そしてなんといっても、文字どおり星々は物語とともに燦然と輝く。星にまつわる物語は語りきれないほどあるのだ。狩人オリオン、プレアデス星団、アトラスの娘たち、クリュタイムネストラとヘレンの兄弟である、ディオスクリとして知られるカストルとポリュデウケスの双子。カシオペアは堅牢な玉座に収まっているが、その向かいで夫のケペウスはつましい城を体現している。そして、ドラゴンを表す竜座。

　そしてなによりもわたしはギリシャ語を愛している。このつかみどころのない古（いにしえ）の言葉── glossa!（グロッサ）〔舌、tongue〕──を、記事の文章から叙事詩まで。ギリシャ語は簡単ではないが、少なくとも現代ギリシャ語は表音言語だ。「e」は黙字にならない。いくつかの規則を理解したら、どんな単語も発音できる（とはいえ、強勢移動にはご注意を。これがあると純真無垢な動詞がびっくりするほど野暮ったくなる）。わたしはいまだにラテン語の知識がない。だからローマで碑文の前に立っても、文字すら読めないという気持ちになる。ところが、これがピレウスだったら、ハッチの上に表示された発光ダイオードの目的地を読めばフェリーの行き先がどこなのかわかる。ΠΑΤΜΟΣ（パトモス）、ΚΡΗΤΗ（クレタ）、ΣΑΝΤΟΡΙΝΗ（サントリーニ）……。

　ギリシャはわたしの救世主なのだ。しばらくギリシャを離れていてまた戻ってみると、わたしのなかで何かが息を吹き返す。それは性的興奮であり、あらゆる動詞と名詞が、それが意味するものとつながっているのが本能的にわかるという感覚だ。最初の文字は粘土に刻まれた。だから、書くという

行為は大地に由来するのだという考えをわたしは気に入っている。そして、現存する初期の書きものは神に呼びかける叙事詩なのだ。つまり、書くという行為は、わたしたち世俗の人間を永遠と結びつける。

〽〽

　ギリシャ愛好家がギリシャについて書いた文章は万人によろこんではもらえない。現在生きているギリシャ人や現代ギリシャ語の学習者は、「グリーキッシュ」（ギリシャ文字を英語のアルファベットで表したもの）や発音区別符号だらけの古典ギリシャ語にうんざりするだろう。かたや古典主義者はデモティキに胡散臭さを感じ、アクセント記号はどこに消えたのかといぶかしむはずだ。ヴィクトリア朝時代の英国では女性がギリシャ語に取り組むとき、アクセント記号を省略しようものなら「ご婦人のギリシャ語」だとみなされ、冷笑の憂き目にあった。80年代にわたしがギリシャ語を学びはじめてすぐに、言語学者たちによって現代ギリシャ語からアクセント記号が取り除かれ、強勢音節を示す鋭アクセントだけが残った（必要不可欠な分音記号も残された）。
　ギリシャについて書く者はそれぞれ自分なりのやり方を選ぶ。ギリシャ語にかんしてわたしよりも博識な執筆者たちが、自制して知識をひけらかさないところは尊敬に値する。エディス・ハミルトン〔アメリカの教育者。古代ギリシャにかんする著作多数〕の著作にギリシャ文字の単語が登場するだろうか。それとも、すべて英語で表されている？　翻訳者のエドマンド・キーリーは、偉大なギリシャの詩人たちを取り上げた著書、『楽園をつくりだす』にいかにも外国風の言葉を登場させて、読者をまごつかせたりはしない。ただし、献辞は別だ

——献辞は読者に向けたものではないから。「ジャジキ」のような、よく知られた食べ物ですら、ヨーグルトとキュウリとニンニクのソースだと書かれている（ギリシャ人なら、ジャジキはトルコから入って来たのだと指摘するかもしれない）。

　とはいえ、わたしはときどき自分を抑え切れなくなる。ギリシャについて語る本に、ほんもののギリシャ語がいくつか紛れ込んでいないなんて、いったいどういうことなのか。いいにおいのするものをちょっと食べてごらんと誘うような、美味なるひと口がどこにも見当たらないなんて。読者のみなさんは、思ったよりもずっと多くのギリシャ語をすでに知っている。その多くはラテン語のるつぼを経て伝わったものだが、何万もの英単語のなかに認識できるギリシャ語は少なからずある。

　それなのに、ギリシャ語は近寄りがたいイメージをもたれ、ギリシャはヨーロッパ連合のお荷物であり、ドイツに支配されていて、国民はイタリアのお隣の貧しい親戚で、経済はしょっちゅう危機に見舞われていると思われがちだ。アテネの街のネオンサインには英語がどんどん増えているからわたしは心配になる。古典ギリシャ語は繁栄しているのに（ホメロス翻訳のルネサンスがまちがいなく存在する）、現代ギリシャ語は死にかけの言葉になっているのかもしれない。あらゆる分野で神話に由来する名称が使われている。たとえば、アポロ宇宙計画、エルメスの高級スカーフ、濃厚なオリンパス・ヨーグルト。わたしはアテナ・パーキングという駐車場を天使の町、ロサンジェルスで見つけたのだが、そもそもこの街の名前はスペイン語経由のギリシャ語なのだ——άγγελος（ángelos）、エンジェル、神の使い。わたしたちとギリシャ語を結びつけるものは、遠ざけるものよりもたくさんある。だから、ギリシャ・アルファベットに怖気づかないでほしいの

だ——そもそも、わたしたちにアルファベット αλφάβητο を与えてくれたのはギリシャ語なのだから。想像力を少しでももち合わせた旅行者なら、遠くからでも「TABEPNA」という言葉に気づくはずで、TAVERNA（タヴェルナ、食堂）に行けば、幅の狭いまっすぐの背もたれの藤の椅子があって、氷や水とともにウゾを一杯やれて、何か食べるもの（アシカの餌になるような小魚のフライだとかサイコロサイズに四角く切り刻まれたフェタ・チーズ）があるはずだと、自信をもって向かっていけるはずだ。そしてもちろん、テーブルの下では猫がおねだりしている。

　エド・ストリンガムが旅行代理店の社員よろしく、エーゲ海の航路をなぞり、ギリシャ正教の修道士やギリシャ人船乗りや仔羊のローストのごちそうを呼び出し、わたしに新しい扉を開いてくれたように、ギリシャ語やギリシャが、永遠の学生であり貪欲な旅行者であるわたしにとってどんな意味をもつのかを伝えることで、わたしもみなさんにバトンを渡せたらと思う。わたしはときどき、全世界がギリシャ風に見える魔法にかかるのだ。この本がみなさんにその魔法をかけますように。それでは、Πάμε!　さあ、行こう！

第1章

∽

アルファからオメガまで
[Alpha to Omega]

　何年か前、思い出深いギリシャ旅行から帰国する途中にフランクフルト空港で乗り継ぎをしたときにヴァージニア・ウルフの『普通の読者』を買い求めたのだが、そこに「ギリシャ語を知らないことについて」というエッセイが入っていた。薄いペーパーバックと特大のビールを買えるだけのユーロをたまたま持ち合わせていたものだから。そうじゃなかったらビールだけにしていたところだ。喉が渇いていたし、ドイツにいたのだし、『普通の読者』は自宅にも1冊あった。それでも、なんであれヴァージニア・ウルフの著作が空港なんかで売られていることに感銘を受けたのだ。

　「ギリシャ語を知らないことについて」には、わたしがラテン語を学ぶのを父に却下されたように、ウルフが父親にギリシャ語を学ぶのを禁じられた話が書かれているのだろうと思った。年若いヴァージニア・スティーヴンが、自分ひとりの部屋でふてくされている姿が脳裏に浮かんだ。彼女の意識のなかを判読できないアルファベットが流れていく。階下の書斎では父親や兄弟がプラトンやアリストテレスを堪能しているというのに。

　その時点で「ギリシャ語を知らないことについて」という

タイトルしか読んでいなかったということがバレバレではないか。もちろん、ヴァージニア・ウルフはギリシャ語を知っていた。このエッセイはギリシャ語への賛歌なのだ。父親のレズリー・スティーヴンは編集者、批評家で、ヴァージニアは15歳ぐらいのときに、楽しみのためにギリシャ語を自宅で学びはじめた。そして、兄のトビーがケンブリッジ大学で学んでいるころには、キングス・カレッジ（女子部）でギリシャ語の授業を履修した。ヴァージニアは学究の徒ではなかったが、家庭教師のミス・ジャネット・ケースの個人授業を数年間受けた。ジャネット・ケースは、ケンブリッジで学んでいた1885年にアイスキュロスの《エウメニデス》の上演でアテナ役を演じ、それを生涯懐かしんでいたような人物だ。ミス・ケースとミス・スティーヴン（当時）はアイスキュロスを一緒に読んだ。彼女がこのエッセイを書いた1925年の時点で「ギリシャ語を知らない」とは、古典ギリシャ語の響きがわからないので古の作家たちの真意を汲み取れないという意味だったのだ。「ギリシャ語の文章の挙措のすべてを英語の文章と同じように理解できるとは望むべくもない」と彼女は書いている。『アガメムノン』でカサンドラ（トロイアから戦利品としてミケーネに連れてこられた予言者で、運命を予言しても誰にも信じてもらえなかった）がはじめて口を開いたときにこぼれ出た言葉なんか、翻訳できないだけじゃなく意味不明だ。「おっとっとっとい 'Ὀτοτοτοῖ」は言葉ですらなくただの音節で、異国の姫の絶望の叫び声だ。ウルフはそれを「赤裸々な叫び」と表現し、しゃくりあげ、むせび泣くさまを表す擬声語なのかもしれないと書いた。合唱隊とクリュタイムネストラは、カサンドラの嘆きが小鳥のさえずりのようなものだとする。英語の翻訳にせいぜいできるのは、ギリシャ文字を「otototoi」と音訳するか、「Ah me!」（ああ、なんとしたことか）

だとか、「Alas!」(こんなことが) などの訳語を当てることぐらいだ。「翻訳でギリシャ語を読んでも意味がない」とウルフは断じている。ヴァージニア・ウルフがギリシャ語を知らないとは、ミツバチが花粉のことを知らないと言うようなものだ。彼女と比べたらわたしなど、リンゴやバナナの絵とアルファベットが一緒に書いてある積み木セットをあてがわれた子どもも同然ではないか。おっとっとっとい!

　さいわい、わたしはその積み木なら気に入っているし、アルファベットは大好きだ。英語のアルファベットの形をした厚みのある木のパズル一式をわたしは持っている。これは大学院生のときに手に入れたもので、誰か小さい子にあげようと思っていたのに長年ずっと手元に置いたままだ。ひとつひとつのアルファベットを亜麻仁油を染み込ませた柔らかい布で磨きあげる手入れも欠かしていない。ほかにも、ギリシャ文字を紹介する子ども向けのアルファベット絵本も持っている。著者はエレニ・イェルラヌ。ギリシャでもっとも素晴らしい博物館のひとつである、アテネのベナキ博物館で買い求めた。この博物館には、ニューヨークのモルガン博物館、フィラデルフィアのバーンズ・コレクション、ボストンのイザベラ・スチュワート・ガードナー美術館のように、莫大な資産を持った目利きによる個人コレクションが収蔵されている。建物はアレクサンドリア在住のギリシャ人、アンドニス・ベナキス氏が自らの資産と家族の住んでいた家を1931年に国に寄贈したものだ。そのアルファベットの本にはリンゴやバナナや猫は登場せず、ベナキ氏の収集品のイラストが描かれていた。アルファは αεροπλάνο (飛行機)、ベータは βιβλίο (本)、ガンマは γοργόνα (ゴルゴン) といった具合に。この本もいずれ小さい子にあげようと思っていたのに、わたしの手元にずっとある。

言葉が大好きな人ならアルファベットも大好きなはずだ。子どもはアルファベットに親しみを抱くもので、「アルファ・ビッツ・シリアル」や「アルファベット・スープ」のような文字の形をした食べ物もよく口にする。子どものころ、アルファベットが学校の黒板の上にずらりと並んでいたのをみんなきっと覚えているはず。壁の上のほうにアルファベットの大文字と小文字がペアになって踊っていたかもしれない。ペアになっている文字はお母さんと赤ちゃんみたいだ、とよく思っていた。大文字のＢと小文字のｂは同じ方向を向いてしあわせそう。いっぽう、小文字のｄは大文字のＤと背を向け合っている。それは「ききわけがない」(defiant) ということ……わたしが小さいころからよく知っている言葉だ。いつも母に「まったくこの子はききわけがないんだから」と言われていたから。

「アルファベットの文字」というときの文字 (letter) という言葉は、「故郷への手紙」だとか「友人からの手紙」などのように、文字によってできあがるものを表す言葉でもあり、ここから「文学 literature」という、アルファベットの文字で構成されたものを表す言葉も生まれた。文字で綴られる (to be lettered) とは、「読み書きができる literate」ということであり、誰かの名前の後ろに文字がついていれば〔博士号取得者を表す「Ph.D.」のような学位の略称のこと〕それは高等教育を受けた証だ。子どもたちはアルファベットを最初から順に歌うし、逆順にだって歌えるようになる。アルファベットは人類の偉大な発明であり、人智を超えたところすら少なからずもち合わせている。アルファベットによって書き言葉がもたらされ、わたしたちは過去とも未来ともコミュニケーションが取れる手段を手に入れた。何かを忘れたくないのなら書き留めておけばいいと言われる。書き留めたらそれはたしかなものにな

るから、と。

　書き言葉によるコミュニケーションには別の形態もある。たとえば、エジプト人にはヒエログリフがあり、ミノア人には貯蔵食糧の記録をつけるための線文字 A、北米先住民には絵文字があり、ツイッター利用者とテキストメッセージの送信者には「エモジ」や「エモティコン」がある。とはいえ、アルファベット以上に成功しているシステムはいまだかつてない。英語では、その魔法の数は26だ。子どもにとっては少ない数ではないが、そこまで圧倒されるような数でもない（歌になっていたらなおのこと）。なのに、アルファベットの文字の組み合わせから意味のある単位が無限に生まれる。アルファベットを使えば長ったらしくも短くも言える。遺伝学者が「デオキシリボ核酸（deoxyribonucleic acid）」という言葉を考案して、その後意味を変えずにたった3文字でDNAと縮めたように。

　アルファベットは化学反応も起こす。元素周期表に採用された結果、小さな文字が大きな事象を表すようになり、地球上で知られている全物質を表すのに利用されるばかりか、さらに新たな物質を合成するのにも使われる。元素周期表は、ロシアの化学者ドミトリ・メンデレーエフが1869年に発表したものだということはよく知られている。では、アルファベットそのものはいったいどこからやって来たのだろう？

　英語のアルファベットはギリシャ・アルファベットに由来するのだが、そのギリシャ・アルファベットは、少なくとも紀元前11世紀にはすでに使用されていたフェニキア・アルファベットをもとにしている。貿易を手掛ける民族として知られるフェニキア人は地中海を輸送する物品を追跡するシステムを必要としていた。ヘロドトスによれば、ギリシャ・アルファベットはフェニキアの王子カドモスによってもたらさ

れた。カドモスが女神アテナの命を受け、大地に竜の歯をまいたところ、カドモスに従う兵士たちがそこから生まれ、彼らの力でテーバイが築かれたという伝説が残っている。最古のギリシャ・アルファベットの刻印は紀元前8世紀にまでさかのぼる。もっとも、アイスキュロスは別の説を唱えた。彼によると、アルファベットはプロメテウスによってもたらされた。火と同じように、書くことは神からの授かりものなのだ。文字は神聖だ。陶器の破片に刻まれて、名前だとか筋の通った考えにまとめられていない状態であってもそのままゼウス神殿に捧げられる。

　アルファベットは神話の世界に登場するだけではない。神話のおかげでアルファベットが存在したと言えるかもしれないのだ。西洋世界における最大にして最古の神話の集積場がホメロスによる作品群だ。ホメロスの叙事詩、『イリアス』と『オデュッセイア』はまず口承伝統として始まり、文字で書き記されたのちもギリシャでアルファベットが発展してきた紀元前8世紀ごろまで口承で伝えられていたという。バリー・B・パウエルという学者は、アルファベットが発明されたのは、とくにホメロスの作品を書き写すためだったのではないかという物議をかもす学説を発表している。いわく、「『イリアス』は、アルファベットによって記録された最初の文学作品だ」。アルファベットとは、アイデアマンが発明した新技術だったのだ。ホメロスは「世界でも最古のアルファベットによる文章」だとパウエルは言う。パウエルの主張がどのように受け止められているかはさておき、古典学者たちは『イリアス』と『オデュッセイア』を古代ギリシャ世界における聖典<ruby>聖典<rt>バイブル</rt></ruby>だとみなしている。ギリシャ人はホメロスの作品から神の概念を学び、戦争と平和、愛と死などの道徳的ジレンマにどのように対処したらいいのかを教えてくれる物語を手

に入れたのだ。ギリシャ・アルファベットの創造は大いなる覚醒につながった。

　ギリシャ人が取り入れたフェニキア・アルファベットは22文字の子音から成っていた。単語を完成させるスクラブルのゲームで子音だけを7つ引いた場面を想像してみてほしい。内なるフェニキア人が目覚めでもしないかぎり、スクラブル・タイルをほうり投げて棄権するしかなくなるだろう。ギリシャ人による 革 新 は、アルファベットに母音を追加したことだ（そのおかげでギリシャ・アルファベットは柔軟性のある表現の道具になった）。スクラブルで母音だけが並ぶのは理想的とは言えないが、子音だけよりはまだ可能性がある。母音とは真のアルファベットの生命であり息吹なのだ。母音があれば、その言語のすべての音を文字や文字の組み合わせで表現できる。

　当初ギリシャ人たちが導入した母音は4つだけだったが、そこに最初の文字、アルファ（A）も含まれていた。アルファのもとになったのは、フェニキア・アルファベットの最初の文字、アレフだ。アレフの発音は明瞭ではない。言語学では「声門閉鎖音」として知られている、瞬時に息の向きを変える、うなり声に近いものだ。「uh-oh」（おや、まあ）の連結部がこれに当たる。『アメリカン・ヘリテージ・カレッジ辞典』では、Aの項目の前置きとして、フェニキア文字からの変遷、つまり文字の血統が説明されている。アルファは牡牛を表す象形文字から個別の音を表す文字へと進化した。もとは英語のKによく似た形をしていた。縦線から突き出た鋭い先端部分が牡牛の角とそっくりだった。ギリシャ人がフェニキア・アルファベットを「取り入れた」と言うとき、それは彼らがアルファベットを見る影もなく引っかき回したということを意味する。ギリシャ人は、アレフ（＊）を右から左へと

ひっくり返した（Kを鏡像にしたように）。そして縦線を中央へと移動させて、角の部分などを含んだすべてを90度左に回転した――するとほら、「A」の原型のできあがり。これをすべてスマホのカメラの力を借りずにギリシャ人はやってのけた。

　ギリシャ語に合ったものにするために、フェニキア・アルファベットに追加する文字を考案したのは、トロイア戦争の英雄パラメデスだという説があると大プリニウスは書き残している。アレフ以外にも、フェニキア・アルファベットの「喉音」がギリシャ・アルファベットの母音の名前となっているケースがいくつかある。「イータ」と呼ばれるギリシャ語の母音はHとよく似た文字で、エプシロンが短い「イ」の音を表すのにたいして、長く伸ばす「イー」の音を表している。目のようにつぶらな形をしたアインはオミクロンになった。これは文字どおり「小さなO」を意味する。

　その後ギリシャ人はウプシロンを追加したが、これはおそらくもともとは「ウー」だったものが「イー」の音へと変化した。そして、アルファベット末尾の$\overset{\text{オメガ}}{\Omega}$は、文字どおりは「大きなO」という意味だ。一説によると、オメガを考案したのは抒情詩人のケオスのシモニデスだという。紀元前6世紀にはオメガは確立されていた。紀元前403年から翌年にエウクレイデスの働きかけによってアテネ市民による投票がおこなわれて旧式のアッティカ式アルファベットからイオニア式アルファベットへと切り替えることが決まり、オメガはそのとき正式な文字となった。

　追加された子音がアルファベットの末尾に集まっているのは、もともとギリシャ・アルファベットは数を表す道具でもあったからだ。アルファが1で、ベータが2で、ガンマが3といった具合に。これに下手に手を出すと痛い目に遭う。

『イリアス』と『オデュッセイア』の各巻は伝統的に数字ではなく文字によって順番を表される。どちらもギリシャ・アルファベットの文字数と同じ、24巻あるのだ。こんな風にして書物の骨格にもなっていること自体がアルファベットそのものへのオマージュのようにも思える。

　アルファベットの文字はふわふわと漂っているわけでなく決まった順番で並んでいる。順番が決まっていれば文字は学びやすくなる。セシル・アダムスという架空の人物が署名している新聞コラム、「ザ・ストレート・ドープ」によれば、大切なのは「アルファベットがどんな順番で並んでいるかではなく、そもそもそれが順番に並んでいるということ」なのだ。1年生のクラスで子どもたち全員がアルファベットをバラバラの順番で覚えることになったと想像してほしい。混沌《カオス》そのものだ。

　アルファベットの順番は見事なまでに安定している。最初の2文字ははるか昔のフェニキアのアレフ・ベートゥからずっと変わらない。それがギリシャ語では $\alpha\lambda\varphi\alpha\beta\eta\tau o$《アルファヴィト》となり、ラテン語では alphabetum《アルファベートゥム》となり、英語ではアルファベットとなるまで。ものごとの順番を構成要素自体で表している言葉で唯一ほかに思いつくのは、音楽の階名のシステムで、「ソ」や「ファ」からなる「ソルフェージュ」だ。ソルフェージュは読みのシステムでもあり、この場合は読む対象は言葉ではなく音だ。アルファベットの順番がなぜこうなっているかについては文字の形や発音を理由とするいくつかの説がある。

　ギリシャ・アルファベットは冒頭2文字の「アルファ」と「ベータ」で母音・子音関係の重要性を強調している。ギリシャ語も英語も、母音はアルファベットの配列のなかにちりばめられていて、まるで小さな数珠の連なりに大きな数珠が

混ざっているかのようだ。

$$\text{ΑΒΓΔΕΖΗΘΙΚΛΜΝΞΟΠΡΣΤΥΦΧΨΩ}$$
$$\text{ABCDEFGHIJKLMNOPQRSTUVWX (Y) Z}$$

　こんな風に母音と子音が混じり合っているおかげで、アルファベットはしなやかさを保っていられる。

　ギリシャ・アルファベットに追加された子音はフェニキア語にはないギリシャ語特有の音を表していて、Y（ユプシロン）から順に並べられている。ギリシャ・アルファベットは貿易の道具としてのフェニキア・アルファベットの特質を引き継ぎ、地中海を西へ西へと進出していった。ギリシャ・アルファベットを取り入れたどんな言語も、その言語の必要性に合わせてアルファベットを変化させている。エトルリア人は早い時期からギリシャ・アルファベットを取り入れた。彼らの功績はF（ワウ）の文字の追加で、これは英語の「W」とよく似た発音のギリシャ文字を転用したものだ。ローマ人がエトルリア・アルファベットを取り入れたとき、自分たちには必要のない文字をいくつか削除した。ところが、紀元前1世紀にギリシャ語の単語を使うようになったため、YとZをアルファベットに戻し、終わりのほうに新たな文字を追加した。

　紀元7世紀ごろに、キリスト教に改宗したアングロサクソン人が古英語を表記するのにラテン語を使いはじめた。それまで彼らはルーン文字を使用していた。ビザンツ帝国の修道士で宣教師だったキュリロス〔ロシア式ではキリル〕とメトディオスの兄弟が、スラブ系の音を表す文字を追加してギリシャ・アルファベットを取り入れたことで、ロシア人は書き言葉を手に入れたとされている（ロシア人に言わせれば、そうやって言葉を「完璧なものにした」）。それ以来、キリル文字と呼ばれ

るようになったというわけだ。

　このようにして、もともとのフェニキア人のアレフ・ベートゥが形を変え、ときにはたったひとりの人物によって商業目的を超えた書き言葉の体系にまとめられ、歴史を記録し、芸術作品を生み出す、記憶の保存のため道具になった。まさに、ムーサたちからの贈り物にして、彼女たちへの捧げ物でもあったのだ。

◎◎

　ギリシャ・アルファベットの文字を習得する方法のひとつは、それを「キャラクター」の集まりだと考えることだ。それぞれの「文字（キャラクター）」は、言語を記録する記号（シンボル）なのだ。たとえば、ツイッターでは当初、発言内容はスペースや句読点を含めて140文字（キャラクターズ）までという制限があった（この制限はのちに280文字までと2倍になったがこの変更によるメリットは疑わしい）。この言葉のもととなっているのは、古代ギリシャ語の charásso（カラッソ）であり、「砥ぐ、溝を切る、刻む」という意味があった。石に刻まれた記号からはっきりと特徴づけられた性格への飛躍は言葉が暗喩（メタファー）へと広がっていく好例だ。

　アルファベットの1文字のような文字（キャラクター）は、はっきりとした特徴を抽象的に表す性質（キャラクター）を帯びるだろうか。学校で成績をつけるのに利用される文字にはできあがったイメージがある。Aは優秀、BはAには及ばない（たとえば、「Bリスト」や「B級映画」のように）、Cは平均的、Dは残念な、そしてFは落第であり恥辱の刻印だ。それだけでない。ナサニエル・ホーソンがヘスター・プリンに緋文字の烙印を押したように、Aは姦通（adultery）を表すものでもある。スーパーマンは赤い大きなSを身につけている。そして、ウラジミール・ナボコ

フはその自伝『記憶よ、語れ』（*Speak, Memory*）（このタイトルは
ムーサたちの母ムネーモシュネーへの呼びかけだ）のなかで、アル
ファベットから連想する色について数段落を割いて説明して
いる。ナボコフが言う「青のグループ」には、「鋼鉄のような
x、雷雲の z、そしてハックルベリーの k」が入っている。「音
と形のあいだには微妙な相互作用が存在するので、私には q
が k よりも茶色っぽく見え、それにたいして s は c のような
明るい色ではなく、紺碧色と真珠母色の奇妙な混合である…
…虹を表す言葉は……私だけの言葉では kzspygv とほとんど
発音不可能になる」とまで言うのだ。ナボコフは幻覚でも見
たのだろうと言っても異を唱える人はおそらくいないだろ
う。さらに彼は、虹に入っている色を表す語呂合わせ
「RoyG.Biv」にもこだわりをもっていたようだ。これは、赤
（red）、オレンジ（orange）、黄色（yellow）、緑（green）、青
（blue）、紺（indigo）、紫（violet）の頭文字を並べたものだ。
　ギリシャ語には独特の神秘的雰囲気がつきまとう。幾何学
のクラスで「π（パイ）」と出会ってからというもの、しばらくはほ
かにギリシャ文字を見かけることもなかったのだが、大学に
入学したときに友愛会（フラタニティ）の寮の正面に巨大な X（カイ）、先が分かれた
Ψ（プサイ）、理解不能な Φ（ファイ）が掲げられているのを見て首をひねっ
た。それらの言葉が表す秘密のモットーはフラタニティの会
員以外には明かされない。とはいえ、このようなモットーが
多くの人の遭遇する数少ないギリシャ文字なのだ。ここでギ
リシャ文字への理解を深めるために「ギリシャ風生活」をの
ぞいてみるのも有益だろう。
　アメリカで最初のギリシャ風フラタニティは、1776年にウ
ィリアム＆メアリー大学でジョン・ヒースという学生によっ
て設立された。伝わるところによると、彼はラテン語名を冠
する勉強会への参加を拒否された。それで、自分でギリシャ

語名の勉強会を立ち上げたのだ——あてつけるために。ギリシャ語にはラテン語よりも洗練されたイメージがある。だから彼は勉強会の名前を「ファイ・ベータ・カッパ」とした。会員には、誠実な人柄で勉学に励む成績優秀者たちがそろっていた。ファイ・ベータ・カッパ（ΦβK）とは、「フィロソフィア・ビウ・キュベルネーテース」、つまり「知への愛が人生を導く」という意味だ。「フィロ」＋「ソフィア」とは、「知を愛すること」であり、「キュベルネーテース」という言葉には「統治する govern」をなんとなく見出せる（「舵取りをする」という意味のラテン語の $\overset{グベルノ}{guberno}$ という単語経由で）。さらに、ビウは、「biology」（生命の研究）や「biography」（生命の記録）にあるように、「生命」を表す「bio」の属格だ。これが連結動詞「is」の働きをしているのはわかりやすい。

　フラタニティの男子学生やソロリティ〔女子学生友愛会〕の女子学生は、秘密を守る誓いに厳格だ。モットーを教えてくれるようもち掛けて唯一わたしが説得に成功したのは、英語専攻の成績優秀者が集まるギリシャ風友愛会、シグマ・タウ・デルタ（ΣTΔ）で、そのモットーは、「誠実（Sincerity）、真実（Truth）、デザイン（Design）」だった。こんな風に明かしておけば、このモットーの頭文字から連想されがちなあの言葉と自分たちは無関係だということにしておける——つまり、$\overset{S\ T\ D}{性感染症}$とは。

　同じフラタニティでありながらファイ・ベータ・カッパのほぼ対極にあるのが、架空の組織デルタ・タウ・カイ（ΔTX）だ。会員たちは破天荒な振る舞いで学内のガリ勉連中からは動物並みだと揶揄され、組織が登場する映画のタイトル《アニマル・ハウス》〔1978年公開のコメディ映画〕もそこからきている。この3文字の裏にひそんでいる秘密のモットーを暴くことができたら（「飲みすぎ Drink to Excess」だろうか？）、ギリシャ

文字と映画の登場人物とが結びついているとわかったはず。

　わたしはアルファベットについての本を3冊ほど持っている（ギリシャ・アルファベットの本が1冊と英語のアルファベットの本が2冊）。それでも、わたしのようなアルファベット愛好家ですら「DはデルタのD」あたりで飽きてくる。アルファベットというのは先が見えて（どうやって終わるかははじめからわかっている）、まだ半分にも到達しないKとLのあいだで息切れしはじめる。というわけで、このあたりで最後まで飛んでしまおう。ギリシャ人たちは、フェニキア語には存在しないがギリシャ語には欠かせない音を表す3つの子音をアルファベットの最後につけ加えた。そのひとつがΦで、これはfのような音を表すが、古代ギリシャ語では普通phと音訳される。アレクサンドロス大王の父親であるマケドニアのフィリップは、ギリシャ語では「フィリッポス」になる。これは、馬（hippos）を愛する者（philos）という意味だ。ちなみに、「カバ hippopotamus」は「川の馬」。

　Ψもあとから追加された文字で、わたしのお気に入りだ。「精神 psyche」から派生するすべての英単語の頭についている——「psychology 心理学」、「psychotherapy 心理療法」、「psychiatry 精神医学」、「psychoanalyst 精神分析医」、「psychosomatic 心身相関」、「psychopath サイコパス」、「psychopharmacopeia 精神薬理学」。これらの単語はすべて、アフロディテの息子であるエロスの恋人のプシュケーに行きつく。海の神ポセイドンが手にしている三叉の鉾のように見えるΨは、現代ギリシャ語で魚を意味するψάριの頭文字にもなっている。

　そして、3番目はXだ。これは英語のXと似ているが、「chaos 混沌」のように、たいてい硬音として音訳される。「カイ」はギリシャ・アルファベットの食わせ者だ。英語の

Xとは別物——ぜんぜんちがう。この「カイ」に、ギリシャ人はまったく異なる文字、「Ξ」を当てている。英語話者はしばしばこの「ch」の音の発音に問題を抱える——たとえば、「melancholy」(憂鬱)、「chalcedony」(玉髄)、「chiropodist」(足専門医)、「chimera」など。というのも、「ch」は「church 教会」、「chicken チキン」、「cheese チーズ」などのありふれた言葉にも使われているから (つまり、わたしたちのアルファベットは不完全なのだ)。公平のために言っておくと、ギリシャ人は英語の「ch」を発音できない。お笑い番組《サタデー・ナイト・ライブ》の、昔ながらのギリシャ食堂のコントでジョン・ベルーシが毎回「ツィーズバルガル、ツィーズバルガル、ツィーズバルガル」と連呼していたのはこのためだ。

　ラテン語の伝統は無視して、「カイ」をよりギリシャ風に「kh」と書くのを好む翻訳者もいる。「Achilles アキレス」というラテン語の綴りはよく見かけるが、『イリアス』や『オデュッセイア』の翻訳のなかには「Akhilleus アキレウス」となっているものもある。現代ギリシャ語では「カイ」という子音は、ヘブライ語の「Chanukah ハヌカー」や「Chasidic ハシディック」のように「k」と「h」の中間の音をもっている。その音を口にする厚かましさ (chutzpah) をもっていない人は、「challah ハラー」〔ユダヤ教の安息日用の縄編み状の黄色い卵入りパン〕を回してくださいと声をかけることができない。X は「ch」ではなく、「h」と音訳されることもたまにある。またしてもヘブライ語の「Hanukkah ハヌカー」や「Hasidic ハシディック」のように。というわけで、この英語の X とそっくりな「Χ」は英語では3つの形を取ることになる——「ch」、「kh」、「h」だ。このような音訳の逆パターンで、たとえばギリシャ人がアテネの「ヒルトン Hilton」と書こうとして「チルトン Chilton」と書いてしまうのもありそうなこと。そんな綴り

では会社のポリシーに反するじゃないかと、アメリカ人なら
笑うかもしれない——ちなみに、ギリシャ語で笑い声は
χα-χα と綴る。

　英語の X とよく似た文字（キャラクター）は、英語、ギリシャ語どちらでも、アルファベット以外の用途をもつ。ギリシャ語やラテン語の文学作品が時代を経てどのように保存され、継承されてきたかについて論じた、L・D・レイノルズと N・G・ウイルソンによる『古典の継承者たち　ギリシア・ラテン語テクストの伝承に見る文化史』によると、アレクサンドリア図書館の学者たちは文献に興味深い点を見つけると、余白にこの「X」の文字を書き入れていたという。このような鉛筆書きの「X」は、現在でも保守的な読者（つまり、本が汚れるのを嫌がる人）が、あとで戻って読みたい行のそばにそっとつけておく印となっている。

　ホメロス、アイスキュロス、ソフォクレス、エウリピデス、アリストファネス、ヘロドトス、アリストテレスなど後世まで残ったギリシャ語文献の大半は、アレクサンドリアの図書館員たちが勤勉に仕事に励んでくれたおかげでわたしたちの手元に届いたのだ。彼らはプトレマイオス II 世の命を受けて正典（カノン）を確立した。この古代の図書館員たちの働きなくして、わたしたちはこれほどの宝の山をもちえなかった。
『オックスフォード古典文学必携』によると、古典文学を学ぶ者には頭痛の種となっている発音区別符号を整備したのは、紀元前200年ごろにアレクサンドリア図書館長だったビザンティンのアリストファネスだとされているそうだ。図書館員たちは分類し、目録を作成し、真正性を確立して、真正なテクストの版を定めた。アイスキュロスの『オレステイア』が、たったひとつのボロボロの手稿をもとにかろうじて生き延びたところを想像してほしい。この傑作三部作の最初

の劇である『アガメムノン』はかき集めた断片をつなぎ合わせたものだ。文献をもとの形のまま保全する図書館員たちの尽力によって文学作品を尊重する伝統がはぐくまれていった。古典注釈者として知られる彼らは最初期の編集者であり、学者であり、文学批評家だった。彼らがつけた注釈は現在でも研究されており、作品そのものよりも長いものも少なくない。

『ニューヨーカー』の集約部でわたしが写字生のごとく仕事をしていたとき（ちなみにこれは見かけとは裏腹に非常にハードな仕事で、のっぴきならない危険がそこらじゅうに待ち構えていた）、ウィリアム・ショーンはときどきゲラの余白に丸で囲ったＸを書き入れて、その記事の次の版までそのままにしておいてほしい疑問点を示した。その疑問は重大なものである可能性があるが、その時点でまだそれを確認するだけの充分な情報がそろっていないという意味だ。わたしたち写字生はその疑問の印を青色で囲み、翌日の校正刷りに書き写すためにそのページを別にしておき、その件をショーンが執筆者に確認し忘れないように念押しをした。集約係がその疑問点を記事に直接書き写したり、執筆者の意図がよくわからないまま編集者がそれを通したりすると文章にまちがいが残る危険があるのだ。

　原本（オリジナル）であることを示すために書き込む印であるＸは、はじめからそこにあるということなのかもしれない。宝の地図にＸがついていたら、お宝のありかの印だ。2本の棒が重ねられて1点を示す。それはまた伝統的に、読み書きができない人たちの署名でもあった。たとえば、けいれんを起こし、息も絶え絶えになっているカウボーイが必死の思いで刻むような。このように、Ｘは正確を期すものであり、かつ、ありふれてもいる——誰だって自分の名前をＸと署名できるんだから。すべての記号のなかでいちばん役に立つと言え

るかもしれない。フェニキア人たちは X なしどうしていた
のだろう。X とは、「謎」ということ。

◎◎

　さて、いまあなたがギリシャ語の判読は難しいと思ってい
るのなら、ギリシャ人が文字を書きはじめたころを振り返っ
てみるといい。当時は大文字だけだった──小文字が登場し
たのは中世で、書くスピードを上げることと羊皮紙の節約が
目的だった。わたしは小文字を「ロアーケース」とは呼びた
くない。この名前は活版印刷用語であり（「アッパーケース」も
同様）、時代錯誤もいいところだから。植字工たちは活字を
抽斗、つまり「ケース」に保管していて、大文字は高いとこ
ろにあるケースに、小文字を使う際は下に置いてあるケース
に手を伸ばしていた。ゆえに「ロアーケース」と言う也。ち
なみに、この「アッパーケース」と「ロアーケース」は、ラテ
ン語では「マジャスキュール」と「ミナスキュール」（「メジャ
ー」と「マイナー」）になる。
　ギリシャ人は単語と単語のあいだにスペースを入れなかっ
た。だからよむひとはひとつのたんごがどこまでつづいてい
てつぎのたんごがどこからはじまるのかをじぶんでみきわめ
なければならなかった（SOTHEREADERHADTOFIGUREOUT-
WHEREONEWORDLEFTOFFANDTHEOTHERBEGAN）。最初
は、フェニキア人がそうしていたように、ギリシャ人も右か
ら左へと書いていた（ヘブライ語はいまでも右から左へ書くそうだ）
ところが、途中で方向転換して左から右へ書くようになっ
た。これは、アレフの「K」が後ろ向きの「K」になってそれ
からアルファ「A」に落ちついたように、ギリシャ文字のいく
つかに後ろ向きの傾向があるためだろう。しばらくのあいだ

ギリシャ人はどちらの方向からも書いていた。左から右へと書きはじめて、余白がなくなると右から左へと戻っていき、その後また左から右に進むといった具合に。このような執筆スタイルは「犂耕体 boustrophedon」と呼ばれている。「bous 牡牛」+「strophe 引き返す」、つまり、「牡牛が引き返すように」という意味で、犂をつけた牡牛が畑を行ったり来たりしながら耕すようすを表している。このメタファーには、書くことと大地の深いつながりが刻まれている。

　スペースの入れ方は現在でも議論の的となっている。現代のタイポグラフィでは、ピリオドのあとに空けるスペースはひとつ分で充分だと広く認識されているが、ダブル・スペースの権利を手放すぐらいなら親指を切り落とされたっていいと思っている人たちもなかにはいるのだ。校正者は、執筆者のタイピングの癖から、彼または彼女の年齢を推測できる。ピリオドのあとにダブル・スペースを入れる執筆者は60年代後半か70年代はじめかそれ以前に大学に通った人で、両親から贈られた持ち運び式のタイプライターを使っていたはず。金属活字時代の『ニューヨーカー』では、ピリオドの後ろはスペースを2つ分空けていたのだが、1994年ごろにワープロが導入されたときに編集部員たちが真っ先に学んだのが、「ピリオドのあとに空けるスペースはひとつだけ」だった。余裕のあるスペースには独特の魅力があるとはいえ、余分なスペースを取り除く仕事を増やすという深刻な問題がある。

　ほかにも、新千年紀に入ってから歴史が後退したのではないかと思える風潮がいくつか存在する。たとえばオーディオブックは口承伝統への回帰であるし、トークやインタビュー、ラジオ番組などのポッドキャストは書き言葉なしで成立する。ページが表紙に綴じ込まれてめくれるようになった写

本の登場は巻物からの大きな進歩だったが、オンライン出版の現代では、わたしたちはまたスクロール形式に戻って、前の部分で読んだことに言及しづらくなっている。そして、神や天才が発明したはずの母音は、スペースの無駄とばかりに最近では嬉々として省略される。ネット上で（ただし印刷媒体ではない）誰かが「srsly」〔= seriously 本当に〕と書けば、少しだけ（sltly）〔= slightly 少し〕おもしろい効果が生まれる。あるいは、フォーマルな「Yours.」〔手紙等の結びの言葉〕ではなく、「yrs」と変わった表現をする人もいる（だが、「sncrly yrs」〔sincerely yours 敬具〕とまで書く人はいない。母音なしでは誠実さは伝わらないのだ）。「GRK」というチェーン・レストランの名前は、空港の省略名称みたいだが、それが「Gork」だとか「Grak」だと思う人はいない。そこに行けばギリシャ風サラダ（GRK sld）が食べられるとわかっている。まず「ライムライト」というナイトクラブに宗旨替えをして、その後モールを経てジムになった元教会がニューヨークにあるが、いまでは外看板には MNSTR という言葉が踊っている。それを見た人は「monster 怪物」か「minister 司祭」のどちらかを思い浮かべるが、内部で何がおこなわれているかの手がかりにはまったくならない。自分たちのアルファベットが後世、巧妙なマーケティング戦略としてありがたがられる日がくると予見したフェニキア人は果たしていただろうか。

　スペースは基本的には控えめな句読点なのであり、その登場は大きな前進だった。文章内で実際に書き入れられる、読者を助ける印はちっぽけなものだ。アルファベットの上についたひとつかふたつの中黒は、劇の脚本では話者の変更を示すのに付された。その結果、『プロメテウス』のあるセリフがイオのものなのか、合唱隊のものなのかいまだに議論がつづいている。そのような点を、読み上げるときの休止の印だと

定めたのは、あのビザンティンのアリストファネスだとされている。キース・ヒューストンが句読点の歴史について論じた『影の文字』で述べているように、行中に置かれた中黒は短い休止（カンマ）を表し、それが下に置かれればより長い休止（コロン）であり、上に置かれたら完全に休止（ピリオド）になる。ピリオドを表す現代ギリシャ語は、「teleía テリア」で、これは「終える、完了する、完璧にする」という動詞と関係がある。カンマはギリシャ語で「切り取られたもの」や「断片」という意味の「komma コマ」から来ている。カンマの形式が完成したのはルネッサンス期に植字工たちがギリシャ語作品の贅を尽くした新版をつくり上げたときだった。カンマは当時、混乱を防ぐためにつくられたのだ。このように、句読点はいつだって読者の心地よさを念頭に置いている。古典ギリシャ語は、綴りが変化する屈折というかたちでそうした読み手へのヒントを言葉そのもののなかに置いた。だからときとして、句読点は邪魔物扱いされた。文末にはピリオドを置くのだから、句読点の一掃など夢物語だと思うけど。

◎◎

『ニューヨーカー』で働いていたとき、たまにわたしの頭のなかでアルファベットがごちゃごちゃになって、『リデル＆スコット希英語彙集』を引こうとしてウェブスター辞典を開いてしまうことがあった。最後までめくっていき、そこにオメガではなくZがあるのを見つけてぎょっとしたものだ。この文字はここでいったい何をしているの？　そうやって首をかしげてから、いま自分がいるのはアテネ（古代でも現代でも）ではなくて、マンハッタンのミッドタウンで、アメリカ

英語を使って仕事をしているんだったとわれに返った。

　なにもＺを見下しているわけではない。Ｚがなかったら……ミツバチはブンブン言わ（buzz）なくなり、動物園（zoo）は永遠に閉まったままで、ジグザグ（zigzag）は元気（zing）をなくすではないか。でも、ギリシャ語のアルファベットとは違い英語のアルファベットはどうも最後に失速するみたいだ。Ｚという文字にはとってつけたような雰囲気を感じる。それもそのはずで、もともとローマ人たちがＺをギリシャ・アルファベットからつまみ出して、ラテン語のアルファベートゥムの尻尾になるように最後に押し込んだのだ。

　ギリシャ・アルファベットで Ｚ（ゼータ）は6番目の文字で、エプシロンとイータに挟まれている。その発音はベータの例にならっていて、その結果「ゼータ、イータ、ティータ」という心地よい連続の起点となった。英語でもギリシャ語でも、どちらのアルファベットも終わり近づくと心もとなくなる。ＱＲＳとＸＹＺのあいだにどんな文字が並んでいるのかを思い出すために、わたしはいつも歌って確認している。ギリシャ・アルファベットはギリシャ語の Ｙ（ユプシロン）からつづけて、フェニキア人のアレフ・ベートゥにはなくてもギリシャ人には欠かせない音を追加している――それが、「ファイ」、「カイ」、「プサイ」の3つの子音だ。そして、アルファベットの最後を飾るのがオメガだ。「きらきら星」や「めえめえ黒ひつじ」のメロディを借りたアルファベットの歌が、じつは「Ｚ」で終わっていないという事実を思い出してほしい。拍を埋めるかのように、ちょっと気の抜けた「これでＡＢＣを覚えたよ。さあいっしょに歌いましょう」という歌詞がつづく。2年生だったとき、アルファベットを後ろから順番に歌い、完全に覚えているとアピールしたものだ。それは同時に、アルファベットの順番はかならずしもヒエラルキーを表すもので

はないという事実を飲み込むことでもあった。

　Ｚがイギリス英語でいまでも「ゼッド」と発音されるの
は、おそらくギリシャ語のゼータの名残だろう。アメリカ人
が「ゼッド」ではなく「ズィー」と発音するようになったの
は、ノア・ウェブスターのおかげだ。なにせ偉大なアメリカ
語辞典を編纂する前に何十もの言語を研究していたからウェ
ブスターはアルファベットの知識をいくらかもち合わせてい
た。さらに、彼は学校教師だったので、子どもにどう教える
かという教授法(ペダゴジー)にも詳しかった。彼の最初の辞書は、綴りを
覚えるための小学生向けの本だ。ウェブスターもアルファ
ベットの順番を変えるまではしなかったものの（そんなことをし
たらさすがに狂気の沙汰だ）、いくつかの改善点を提案した。

　言葉は韻を踏むと覚えやすくなる（ゼータ、イータ、シータ）。
それに加えて、英語のアルファベットの一部の文字の名前を
変えたら識字率向上につながるのではないかとウェブスター
は考えた。Ｂ、Ｃ、Ｄ、Ｅと発音するのなら、理論上Ｈは「ヒ
ー」と、その子音の音を表すように発音すればいいではない
か。子音としてのＨには込み入った歴史がある。Ｈはギリ
シャ語では母音の「エータ」になる。この文字は解体され
て、上部の先端が気息記号として利用された（荒々しい有気音
の‘とスムーズな無気音の’がある）。もともとの母音の上に残さ
れた単一引用符のようにも見えるやつだ。ウェブスターが
Ｗ（ダブルＵ）としたのは完全にまちがっていた。幼稚園でこ
の文字を眺めていて、これはダブルＶじゃないかと思って
いた記憶がある。ウェブスターはこのＷを単純化して「ウ
ィー」という発音にしたかった（古代では、Ｗの音を表すギリ
シャ・アルファベットのディガンマがあった。だが、トロイア陥落からし
ばらくしてこの文字は姿を消し、それ以来遠く離れた学問分野以外では
消息を絶っている――ただし、エルトリア人のあいだではその後も使わ

れていた）。よく似た理由で、ウェブスターはＹも「イー」と発音したほうがいいと考えた。きっと頭がおかしくなっていたのだろう。これらの提案はどれも世間に受け入れられなかったが、ウェブスターがアルファベットの最後にたどりつくころには、どうやら反論を封じることができたらしい。彼は、英語のアルファベットの最後の文字を「ゼッド」ではなく「ズィー」とアメリカ人に発音させることに成功した。

　最初と最後に来るものはとりわけ強調される。英語の「Ａto Ｚ」という表現は、あなたが知らなければならないあらゆること（ファッションや資金集め、セックスでもなんでも）を意味しており、それらは決まった順序で進み、予測可能だ。演劇批評家が、ある女優が「ＡからＺまで感情をあますところなく表現した」と書けば、劇の終盤には彼女は疲れ果て、もぬけの殻になっていたということ。英語のアルファベットは失速して停止する。だが、ギリシャ・アルファベットはちがう。たまにしか使われない子音ではなくて、でっぷりした大きな母音、オメガ、大きな Ｏ、Ω、ω で終わっている。おお！　オメガはエネルギーに満ちあふれ、息をしていてインスピレーションをたたえている。このオメガによってわたしたちは冒頭の母音アルファへと連れ戻されるが、Ｚにそのような働きはない。それだけでなく、アルファベットのなかほどに置かれた母音、オミクロン、小さな Ｏ のニュアンスも感じられるではないか。オメガの文字は下部が開いた形になっている。ギリシャ・アルファベットはギリシャ語の統語と同じく直線的ではない。輪のような丸みを帯びている。ヨハネの黙示録にある神のみ言葉、「わたしはアルファでありオメガだ」を「わたしはＡでありＺだ」と杓子定規に訳す者などいない。ギリシャ・アルファベットは無限なのだ。

第2章

A はアテナの A
[A is for Athena]

　わたしがギリシャ神話にはじめて出会ったのはリュケイオン、といってもアリストテレスと弟子たちが散策しながら哲学と美について語り合った、かの有名なアテナイのリュケイオンではなく、クリーブランドのフルトン・ロードにある映画館だ。土曜日の午後は兄や弟と一緒によくそこで過ごしていた。リュケイオンは古典主義(クラシカル)ならぬ時代遅れ(クラシック)だった。ポップコーンは赤と白のストライプ柄の容器に入っていたし、お菓子をもち込もうものなら案内係の女性に問答無用で没収された。座席の下にあるブザーも何かの仕掛けみたいでわくわくした。

　リュケイオンは毎週2本立てで上映していて、《ミイラ再生》《ゴジラ》《大アマゾンの半魚人》などのホラー映画が、ポルノまがいの（とても勉強になった）別の作品と組み合わされていた。ある土曜日の昼上映で、わたしは生まれてはじめて巨人族キュクロプスの姿を目の当たりにした。そのときかかっていたのは《ユリシーズ》(西暦1954年制作) で、カーク・ダグラスが堅忍不抜の主人公を演じていた。怪物やおばけがぞろぞろ登場するこの作品もある意味ではホラー映画だった。人間を豚やウミヘビに変える力をもった魔女だとか、えらく

短いミニスカートを穿いたアンソニー・クインやなんかが。

　ユリシーズ（Ulysses）とはオデュッセウス（Odysseus）のラテン語名で、ハリウッドとジェイムズ・ジョイスはこちらの名がお気に入りだ。オデュッセウスがなぜユリシーズになったのかは、ギリシャ語とラテン語の狭間で起きた数多の事例に漏れず、正確なところはわからない。研究者によると、オデュッセウスの「D」、デルタはイオニア方言だが、これはドーリア方言やアイオリス方言ではもともとは「L」、ラムダだったそうだ。デルタ（Δ）とラムダ（Λ）は形がよく似ている——どちらも楔形で、ちがいは横棒の有無だけ。それなのに、古代人にしてみればユリシーズと書いてもオデュッセウスと書いてもたいして変わらなかったという説を唱える者は、わたしの知るかぎりではいない。その名だけが「Ulixes」としてシチリア島（伝統的にキュクロプスの故郷とされる）経由でローマに伝わったという可能性もなきにしもあらずなのでは。

　シチリア島のエトナ山のふもとにある、大部分がなめらかな黒色溶岩で覆われた町、カタニアでは、土産物屋でキュクロプスの陶器の小像が売られている。キュクロプスはティタン神族と同じような巨人族で、要するに人間の大まかな原型だ。キュクロプスのひとり、ポリュペモスはエトナ火山からゼウスのために稲妻をつくった。カタニアに住んでいる友人に聞いたところでは、キュクロプスはエトナ火山そのものだと信じているシチリア人も一部にはいるという。オデュッセウスが先のとがった木の棒でポリュペモスの目を突いたときにエトナ山が噴火して岩が海に飛ばされ、それがカタニア湾内で見事に積み重なってファラリョーニ・ディ・アチトレッツァができたのだ、と。いずれにせよ、キュクロプスの物語が叙事詩に先駆けて世に広まったと想像するのは難しくない。わたしがホメロスを知る前にリュケイオンでキュクロプ

スの物語と出会いを果たしたように。古風なキュクロプスは
人の目を惹きつけてやまない。

　映画《ユリシーズ》には女神アテナも登場していたはず
だ。アテナのいない『オデュッセイア』なんて考えられな
い。なにしろ、英雄ユリシーズの守護神なのだから。アテナ
がついていなかったら彼は生きて帰還を果たせなかった。ア
テナに祈願をしていたはずだから、わたしもアテナの名を耳
にしたはず。それなのに、ホメロスが「灰色の目の女神」と
伝えたアテナにリュケイオンで会ったかどうか記憶はおぼつ
かない。わたしの家の本棚には、ブルフィンチによる神話の
研究書や子ども向けのギリシャ神話の本、エディス・ハミル
トンの著作など並んでいなかったのだから。それどころか、
本棚じたいがなかった。漫画本や図書館の利用カードは持っ
ていたし、グリム童話やリトル・ルルの漫画があればわたし
は充分しあわせだったけれど。どこぞの神童のように、『イ
リアス』の翻訳を14歳で読むという所業とは縁遠かった。
わたしがハマっていたのは、ナンシー・ドルーやトリクシ
ー・ベルデンなどの少女探偵もの。ほかにポー、ディケン
ズ、マーク・トウェインも好きで、ホーソン（あくび）、サ
ー・ウォルター・スコット（いびき）、ドストエフスキー（気
絶）も読もうとはした。ギリシャ神話にかんする知識は、ポ
ピュラー・カルチャーか英語で書かれた本を通じて得た。ク
リーブランドで通った女子高、ルルド学院では3年生のとき
にジョイスの『若い芸術家の肖像』を読んだ。シスター・ダ
イアン・ブランスキーいわく、ジョイスは信仰を捨てても
（ついでにアイルランドも捨てた）、教会（あるいはダブリン）から離
れられなかった。そして、わたしたちもそうなる運命だとい
うのがこの作品の教訓だそうだ。

　もしかしたら、アテナの 魂 はエリー湖面を漂っていたの

かもしれない。でも、当時（20世紀がまだ未来のことのように思えた50年代、60年代）、ほかの女の子たち同様、母がわたしの人生のモデルで、それが自然な流れだった。母は料理をして、ベッドを整え、床掃除をした。そして、「お母さんはおしゃべりの天才だね」としょっちゅう言われる超一流のおしゃべりだった。皿を洗うときは〈魅惑のワルツ〉や〈あなたはしっかり私のもの〉などの歌を口ずさんでいたけれど、わたしには皿洗いが歌いたくなるようなものだとは思えなかった。母の影響力は絶大でも（9歳のわたしはおもちゃのカーペット用掃除機がほしくてたまらなかった）、自分も将来あんな風になるとは思えなかった。その理由のひとつが、母はほとんどどこにも出かけなかったということ。

　わたしと母は数のうえでは家族内の少数派だったが、ひとくくりにされるのがわたしはいやでたまらなかった。家に縛りつけられているような気分になった。外に出たくてたまらず、玄関ドアに舌を押しつけたあの味は忘れたくても忘れられない——冬場の冷え切ったざらついたガラスや、夏場の網戸の金属枠のあの苦い味。ほかの女の子たちと比べては、お母さんを交換できたらいいのにとしょっちゅう思っていた。母以外では、修道女たちも思い描く未来の姿だった。修道会に入ったら人気者になれるんじゃないかという予感がした。名前を変えなくてはならないという点が気に入った（心機一転、まっさらな気持ちでスタートを切れるはず）。でも、鐘の音で朝早く起きてミサに行かなければならないのは心配だ。将来もし結婚しなかったら修道会を頼ればいい。自分は結婚しないのかもしれないと、わたしはそのころから薄々感じていた。ともあれ、修道女たちの人生もまた母の人生と同じく世間から隔絶されたもののように思えた。

　そんなあるとき6年生の宗教の授業で職業についての調べ

学習があり、班ごとに分けられた。修道女が配布したパンフレットには、それぞれの職業に就くとどんなことが予想されるかが説明されていた——結婚した場合、聖職者や修道女になった場合、独身でいる場合。わたしは「独身」班に入れられた。独身のままでいるのは選択だとは思えなかった。トランプのババ抜きで相手になるカードがないときみたいに、にっちもさっちもいかなくなる状況と言ったほうがいい。ところが、そのパンフレットでは、もし明日死ぬことになったら（つまり悲劇的にも12歳で）、好むと好まざるとにかかわらずあなたは独身のままなのだと説明されていた。そして教会が女の子に示した唯一の聖なるモデルは聖母マリアだった。

　きっと、気づかないうちにアテナはわたしにとってのモデルとなっていたのだ——第三の道として。聖母マリアと同じくアテナは処女、つまり「パルテノス」だ。だからといって母性という矛盾した重荷を背負わされていない。完全な姿で、闘うために武装した戦士としてゼウスの頭部から生まれ出た。彼女の母親はティタン神族のメティスだというのが有力な見方だ。つまり、アテナは古い一族の出なのだ。メティスがそばにいなかったので（悲報：メティスは妊娠中にゼウスに呑み込まれた）、少女が母親とのあいだで抱えがちな葛藤とは無縁だった。ゼウスの妻で、気が短いことで知られる女神ヘラともうまくやっていた。早く結婚しろとゼウスからうるさくせっつかれることもなかった。

　別の女神がお気に入りだという人もいるだろう。狩りの女神アルテミスのファンは多い。子どもを望む女性はデメテルにわが身を重ねるかもしれない。アフロディテは圧倒的な美を体現する。ヘラは人気がない。ローマ神話ではユノと呼ばれる彼女には威厳があり自信に満ちあふれているが、これがたいした性悪なのだ。わたしはアテナ以外は考えられない。

聖母マリアは謙虚さと服従のモデルだが、アテナは解放された女性の原型だから。

　アテナは何ものにも縛られない。男神に頼ることもなければ、世話を焼かなくてはならない子もおらず、仕事とどうにかして両立させなくてはならない家族をケアする義務も負わない……ようするにゼウスは彼女を尊重するとともに甘やかしてもいるのだ。お父さんのお気に入りの娘によくあるように、アテナはゼウスの操縦法を心得ている。ゼウスはアテナの判断を信頼して彼女の思うとおりに進ませる。アテナイ市民が都市の守護神として彼女を選んだのは、彼女がひとり身だったことも理由のひとつになっているんじゃなかろうか。それなら、熱意をもって仕事に取り組んでもらえるはずだから。都市アテネの成り立ちについて、こんな話が伝わる。アテナイ市民から与えられる最高の栄誉をめぐって、あるときアテナとポセイドンが競い合った。アテナはアクロポリスにオリーブの木を1本植えた。いっぽうポセイドンはその斜面に塩水を噴き出させてみせた。都市アテネへの捧げ物としてはオリーブの木のほうがふさわしいと神々は判定を下した。

　アテナも家庭の徳をもち合わせていないわけではない。機（はた）を織り、工芸の守り神でもあり、啓蒙的な影響力だってもっていた。デメテルやアルテミスのように多産な女神ではない。というよりも彼女はサバイバーなのだ。オリーブの木には回復力が備わっていると古くから伝わる。切り倒され、焼かれても、切り株から新芽が出てくる。そして、アテナはただオリーブの木を植えただけではない。栽培法や、苦みのある硬い青い実から大地の恵みである貴重なエッセンスを搾り取る方法も伝えたのはほかならぬ彼女だ。サラダからシャンプーまで、オリーブオイルはさまざまなものの原材料になっているし、ギリシャではランプの燃料としても使われてい

る。わたしにとってアテナとは、自分の才能（リソース）を賢く活用するお手本なのだ。

　なんといっても、アテナはとてつもない力を発揮する女性だ。『イリアス』で、ゼウスが神々に武器を取らせ人間たちとともに船上で戦わせたとき、アレスをこてんぱんにやっつけた――あの軍神アレスを！　おそるべき存在でもあるのだ。彼女が胸に掲げる、アイギスという盾の中心にはメデューサの首がついている。メデューサの顔を直接見ると石に変えられてしまうので、ペルセウスは自分の盾に顔を映してその怪物（ゴルゴン）を討ち取り、首をアテナに献じた。丸い枠のなかにおさまったメデューサが滑稽な感じで流し目を送る、歴史的に有名な絵画がある。頭には蛇が絡まり合い、歯は牙のように鋭く、鼻は豚のように突き出している。そこから伝わるのは、「弱虫どもめ、あたしに手を出すんじゃないよ」というメッセージだ。

　アテナはまっすぐだ。自分の思いどおりにしようと誰かを誘惑したり、口車に乗せたりはしない。彼女の賢さは常識に裏打ちされている。大学や大学院で鍛えることを怠ったので、わたしにはいまもって欠けている資質だ。とはいえ、わたしは勤勉な労働者だ（ひどく手を焼いたのは給仕の仕事だけ）。しかも『ニューヨーカー』に来てみたら、いろいろなタイプの女性がいるとわかった。大学院で学び直すことにした受付係の陽気な彼女。ありとあらゆるタイプの校正者（熱心だったり、嫉妬深かったり、寡黙で頭が切れたり）。そして、ポーリン・ケイルやジャネット・マルカムなどの、おそろしく優秀な執筆者たち。念願かなって校正担当に昇進し、文字と自分だけの世界になったとき、わたしはすっかり自信を失くした。正しいことをしても誰にも感謝されないし、へまをやらかせばかならず指摘されるのだから。

校正とは文章をふるいにかける営みだ。何も新たに加え
ず、ただ不純物を取り除いていく。わたしはやりすぎるより
もやりすぎないよう心がけ、何かとんでもないものを見逃し
て注目を集める事態だけは避けたいと必死で右往左往した。
文章を書きたかった。だから、同期入社のひとりがコラム
「街の噂」にまんまと逸話を執筆したときは羨ましかった。
同僚の仕事を校正するに当たってはまず自分のなかの不純な
気持ちを取り除かなければならなかった。ある日の夕方、わ
たしはエレベーターホールで編集長のウィリアム・ショーン
と鉢合わせた。「悩みでもあるのかね」と彼は訊ねた。ショー
ン氏と一緒のエレベーターに乗るのはわれながら気が重かっ
たにちがいないが、校正係の仕事をマスターする自信がない
んですと思わず打ち明けていた。彼はこちらをじっと見つめ
（彼の身長は165センチぐらいで、わたしとほとんど変わらなかったた
め、その目がわたしの目と同じ高さにあった）、少しずつわかって
くるから大丈夫だとアドバイスをくれた。
　わかってきたのは、アテナは校正者にとってよきモデルだ
ということ。彼女なら、執筆者の機嫌を損ねたらどうしよう
だとか、執筆者に好かれるかどうかなんて気にしない。他人
に何かを奪わせたりはしない。わたしに必要なのはただ、自
分の動機は純粋なのだと念じること。わたしがここにいるの
は言葉に奉仕するためなのだ、と。校正のイロハを習得し、
まちがいがわかっていてもそれを訂正できないことのある校
正係の仕事から離れ、『ニューヨーカー』の社内用語で「ペー
ジOK係」と呼ばれるポジションに昇進して尊敬してやまな
い校正者たちと肩を並べるまでになったころ、それまでみた
いには悩まなくなった。ちょうどそのころある博物館で、舌
を突き出しながら滑稽な感じで流し目を送るメデューサの首
に目が釘づけになった。その絵のプリント版を買って帰っ

て、仕事場のデスクの上にピン留めした。

◎◎

『オデュッセイア』第2歌で、アテナはメントル（Mentor）の姿で登場する。オデュッセウスがイタカを発ってトロイに赴いた際、あとに残していく息子をメントルという人物に託した。助言者や教師を意味する「mentor」はホメロスの作品から直接英語に入ってきた、数千年の歴史がある言葉なのだ。エレベーターホールで話しかけてきたウィリアム・ショーンは辛抱強くわたしに助言を与え、メンターになってくれた。水が注がれたグラスに一滴のヨード液が垂らされるごとく、何気ないヒントがきっかけとなって目の前の世界がうっすらと色づき、前に進む道がはっきりわかるということがときとして起こる。子どものころ、わたしはお姉さんのいる女の子とばかり友達になった。姉という存在は重要きわまりないと当時のわたしには思えたから。年齢を重ねるにつれてわたしのメンターは若くなっていった。わたしよりも経験豊富であれば誰だってメンターになれるけど、メンターにこちらが選んでもらえなかったら話は始まらない。自分を助言先として引き受けてくれるよう誰にも強いることはできないのだから。『ニューヨーカー』の校正部にはメンターの伝統があり、ベテラン校正者が次世代教育を自らの仕事として引き受けていた。でもそれはときに、スキュラとカリュブディスのあいだ〔どちらもギリシャ神話に登場する女性の怪物。スキュラとカリュブディスのあいだとはにっちもさっちもいかないようすを表す慣用句〕で舵取りの方法を学んでいる心地になるようなものだった。スキュラとは、おそるべき知性の持ち主で他人の追随を許さない天才、エレノア・グールド。いっぽうカリュブディスとは、ル

ー・バーク。人の頭に辞書を投げつける現場監督だ。職場の外でギリシャ語の深みにはまるようになったわたしはもっと穏やかなメンターに出会った。バーナード・カレッジで教えているある女性が、現代ギリシャ語の個人教授をしてくれることになったのだ。彼女の名前はドロシー・グレゴリー。わたしが出会ったなかでいちばん優秀な教師だ。

　ドロシーは小柄で、髪と瞳は濃い色をしていて、あごが細く、どこか遠くにあるものをおもしろがっているような、古風な愛らしい笑みをたたえている女性だった。ツイードのスカート、ウールのセーター、ベルトつきのコートなど、いつもそつのない格好をしていた。心が広く、よく人をほめた。「あなた、モデルみたいね」。これはわたしではなく、別の人に言った言葉。わたしが仕事を終えたのちにアップタウンをダッシュしてきて、息せき切って彼女のオフィスに駆け込んだら、「あなた、いつも走ってくるのね」と言われた。

　ドロシーは、ギリシャ本土の西にあるイオニア海に浮かぶケルキラ島出身だ。ミシガン州とインドネシアに住んだのちにコロンビア大学院で学んだ。専門はアメリカの詩人、ウォルト・ホイットマン。いまにして思えば、なぜホイットマンを選んだのかにも納得がいく。ホイットマンは、熱狂（ラプソディー）をあらわにするアメリカの詩人だったから。ドロシーが大好きだった、ギリシャのノーベル文学賞受賞詩人のオディッセアス・エリティスもまた、エーゲ海の島々やギリシャ本土のさまざまな地域、そこに住む人たちを熱狂的に歌い上げた。「ラプソドス ῥαψοδός」とは、歌と歌を縫い合わせる人という意味で、ῥάπτω は「縫う」、ὠδή は「頌歌（オード）」。これは、古代ギリシャで叙事詩を吟唱した人たちのことだ。現代ギリシャ語で「Ο ῥάφτης」（ラフティス）は「仕立て屋」。この言葉が頭に入っていたのだから、以前テッサロニキのホテルのロビー

でライターの友人がシャツにボタンを縫いつけているのに遭遇したとき、「あら、こんなところに仕立て屋が」とさりげなく言ってやればよかった。「rhapsodic」という英単語には、対象と向き合う詩人の心の動きに由来する驚異の気持ちが含まれている。

　ドロシーはわたしにたいしてはどこまでも寛容だったし、この複雑きわまりない言葉を習得して、いつか《その男ゾルバ》を真似てテーブルの上で踊りたいという夢にも理解を示してくれた。

　ときどき、ふたりの関係のなかでわたしのほうがメンターではないかと思える瞬間もあった。あるとき彼女と一緒に道を渡っていて、「わたしたちいまジェイウォークしてる」と言ったことがある。「なんと言ったの？」と、ドロシーが聞き返した。

「"ジェイウォーク"。信号無視をして道を渡るということ」。この言葉がどこから来たのかは定かではないが、わたしはいつも「jail」（刑務所）を連想してしまう。
「ジェイウォークですって！」ドロシーはオウム返しにした。「いいこと教えてもらっちゃった」。

　当時のわたしにとってギリシャ語学習はセラピーのようなもので、母語とそれにともなう生活から離れてほっとひと息つける場所だった。作文にはコインランドリーで洗濯したときのことを几帳面に書いた。自分の汚れ物について洗いざらい紙に書き出したこともある。自分で選んだこの言語でなら、信じられないほど下品にだってなれた。友人のクランシーに付き添ってもらい、咳止めの薬を薬局に買いに行った話をしたことがあった。必要なのは去痰薬なのかそれとも咳止め薬なのかと薬剤師に訊かれて、「『この人に咳をしてみて』とクランシーが言ったので、わたしはやってやりました」。

ドロシーは笑った。「カノ」というギリシャ語は、フランス語の「faire」やイタリア語の「fare」同様、「する」と「なしとげる」両方の意味をもっているが、英語の「do」のように動詞を強調するという余分な仕事は背負わされていない。過去形の「エカナ ἐκανα」は、首尾よくウンチできた子どもがトイレから「できたよ！」と叫ぶときに使われる。

　語学学習のなかでも多くを占めるのは、何を言わないでおくかを学ぶことなのだ。

　とはいえ、言葉を学んでいるときはたいていわくわくしたし、わたしのノートには新しい語彙がぎっしりと書き込まれた。ドロシーは近代ギリシャの歴史にも触れることがあり、1821年の独立戦争のときに戦艦を率いた伝説の女傑ブブリナの話も教えてくれた。ギシリャ正教ではイースターのときに串刺しにした仔羊を庭の炭火の上で家族総出でローストするならわしがあるそうだ。赤く染めた固ゆでたまごをコツンと叩き合う習慣（ひびの入らなかったほうが勝ち）は印象的だった。なぜギリシャでは卵の色は赤と決まっているのかと尋ねたら、活力を表す赤以外考えられないのに、なぜ西方教会ではつまらないパステル色なんかで卵を塗るのかと逆に疑問をぶつけられた。「赤は血の色であり、喜びの色でもあるのに」というのがドロシーの言い分だった。

　ドロシーのもとで学びはじめていたころ、わたしはロバート・フィッツジェラルドの翻訳ではじめて『イリアス』を読んだ。それまでは『オデュッセイア』のほうが好きだった。戦争ものは懲罰的に過ぎると思っていたから。ところが、読んでいて気づいてしまった。アカイア人（ホメロスはギリシャ人をこう呼ぶ）が神々の怒りをなだめるべく、丸焼きにした肉の香りを神々に楽しんでもらうという名目で（アンブロジアを常食とする神々は食事をとらなくても平気だ）牛百頭のいけにえを

捧げるのは、彼ら自身の美食の口実なのだと。ギリシャ料理店では家庭でそうするように肉を分け合ったり、小さな肉の塊を串刺しにしたりする——これがスヴラ〔「串」という意味〕の小さいバージョン、「小さな串」という意味の元祖スヴラキで、ニューヨークのアストリア地区の街角でよく焼かれている。そして、ギリシャ人は自分たちが飲む前にまず神々に酒を献じる。この献酒の習慣を取り入れて、植物の鉢にビールをふりかけたり、おしゃれな野外レストランでテラスの手すりにお高いワインをこぼして、ディナーをともにする人たちをびっくりさせたことがある。ギリシャ人が神々に献酒するのは感謝の気持ちを伝えるためで、祝福されたいと願ってのことだ。まあ、単純に酒を飲みたいがための口実なのかもしれないけれど。それでも、大地や海に最初のひと口を流して神々に先に味わっていただく行為は習慣として定着していて、こちらの食前の祈りのようなものだ（神よ、われわれと、われわれが主キリストを通してあなたから受け取る恵みを祝福してください。アーメン）。もしうっかりグラスをひっくり返しても問題ない。期せずして献酒しただけだから。ときには気前よく酒を注がなくても、そぶりだけでこと足りる場合もある。たとえば、飛行機に乗っているときは、隣の席の紳士のズボンの脚にかかりませんようにと願いながら、湿らせた指で床にさっと触れる。自分が何かするときは、適切だと思える神のご加護をそのつど祈っている。空の旅はゼウス、陸の旅はヘルメス、病院に行くときや自分を律するときはアポロン、エンジンの問題や配管の緊急事態はヘパイストスに、そしてどんなときもかならず女神アテナが導いてくれますように、と。

　あるとき、ドロシーのオフィスで未来完了形のレッスンを進めている途中にひと息入れていたとき、わたしは奇妙な興奮を覚えた。机にかがみこんで、わたしのノートに語形変化

を書き入れているドロシーの姿を見て（彼女はよくわたしのために ノートをまとめてくれた）、ふと考えているのに気づいた……わたしはいつだって男性教師には恋心を抱いていた。でも、いま目の前にいる女性に性的な興味を覚えている？　その部屋は暖かく、わたしの呼吸は荒かった。身体から熱が放出されていた。きっと、言葉に興奮しているんだ——ギリシャ語がセクシーなのがいけない。

◎◎

　その春、わたしははじめてギリシャに旅行した。このときはかなり欲張った旅程となった。当初はオデュッセウスの足跡をたどって島から島へ移動しようと思っていた。でも、現在ではトルコ領になっている沿岸地方が舞台の『イリアス』を読んで、小アジアとその地域でのギリシャの歴史上の存在感が気になりだしたのだ。それに、エーゲ海を舞台にホメロスを探してみたかった。ギリシャ人は西方のヨーロッパではなく、東方のアジアに目を向けていると教えてくれたのはエド・ストリンガムだ。ピレウスからクレタ島へ向かう夜行のフェリーに乗船したわたしは早起きして甲板へと向かい、ホメロスの有名なバラ色の指、「ロドダクテュロス」をひと目拝もうとした。東方の水平線にまばゆい光が広がって地中海に歓迎されるんだと期待に胸をふくらませた。そのとき甲板にいた他の乗客は、手すりにもたれかかって煙草を吸っている男たちが数人だけで、黒い服を着たおばあさんが階段のところで顔にハンカチを当てて船酔いに苦しんでいるようだった（ギリシャ人が船酔いに弱いのは有名で、船酔いを発明したのはギリシャ人ではないかとまで言われている。「nausea 船酔い」という言葉は、古典ギリシャ語の「naus 船」に由来する）。空は雲で覆われていた

が、わたしは震えながらデッキにとどまって、じっと水平線を見つめ、神々のしるしが現れるのをいまかいまかと待ちつづけた。イラクリオの港に近づくと男のひとりが煙草を一本わたしに差し出した。そのとき雲間にピンクがかったもやが見えたかと思ったら、消えた。わたしがずっと待っていたのはこれだったのだ。暁（あかつき）のバラ色の指関節でよしとしなくてはならなかった。

　その旅でも、つづく何度かの旅でも（そしてホメロスを読んでいても）、どうも何かが釈然としない。その謎はニューヨークの自宅でようやく解けた。ある朝目が覚めて、いつものように窓の外を見て、朝日が建物のてっぺんをピンク色に染めているか確かめようとして身体を動かした。その光景がいつも楽しみなので、寝室の窓にはカーテンをかけていない。そして、がばっと身を起こした。ロドダクテュロス（「ロドス」とはバラ、「ダクテュロス」とは指）が表しているのは、東方の水平線に広げられた、ピンク色の華奢な指ではなくて、その指が触れているもののことなのだ——給水塔や超高層ビルなどの高層建築からピンク色に染まっていく。ミダス王を、というか現代なら「ゴールドフィンガー」を思い出してほしい。その人物自身が金の指をもっているわけではないが、その手で触れたものはなんでも金に変わる。『ホメロスはなぜ重要なのか』のなかでアダム・ニコルソンは、「ホメロスの朝焼けが“バラ色の指”だというのはよく知られている。それは、女神が広げた指先から光が放たれるさまではなく、その指先で木の梢や岩のてっぺんに触れているようすを表している」と説明する。

　最初の旅では1か所に長居はしなかった。苦労してある場所にたどりつき、そこに着いただけですっかり満足して、さっさと次に向かうのがわたしの旅のスタイルだった（いまでも

ときどきそういう旅をする）。さあ、もう行こう。第2次世界大戦の従軍経験から、どこに行ったところで結局ほかとたいして変わらないから新しい場所に行く意味などないと信じていた父親のもと、わたしはクリーブランドで育った。言い換えれば、どこに行ったところで旅の道連れはいつだって自分だということ。

　そんなわたしはエーゲ海をピンボールのようにぐるぐると動き回った。クレタ島からロドス島、キプロス、サモス島、キオス島、レスボス島に渡った。そんな旅をしていた数週間のあいだにウェイターに言い寄られ、甲板員や下級水夫に色目を使われ、大学の英文学教授に口説かれた。ピレアスを発ったフェリーに乗っているときに、ミミ（「ディミトリ」を短くした呼び名）という、クレタ島の南海岸部でトマト農園を営む人物から煙草を1本受け取った。彼はクノッソス宮殿を案内しようと申し出た。トロイア戦争のずっと前、おそらく紀元前3000年には栄えていた文明を築いたミノア人たちの王の伝説が残るクノッソス宮殿の遺跡のことだ。1900年からサー・アーサー・エヴァンズがこの地の発掘をおこなったのだが、その際に宮殿に色を塗り、装飾を加え、1920年代のアールデコ風にフレスコを装飾したことがいささか物議をかもした。ミミはクノッソス遺跡でわたしを急かし、迷宮ラビリントスの奥の人気のない場所へ誘導した。ミノス王の妻パーシパエーが産んだ、半分人間で半分牡牛の怪物ミノタウロスが閉じ込められていた、ダイダロスが考案した迷宮はここだったのかな。ミミが身体をすり寄せてきたので、そんなことを考える暇はほとんどなかった。ミミには好感をもっていたけど、関係を進展させるには、ほら、時間をかけなくちゃ。わたしが彼のトマト農園を訪れるとか、せめて一緒にランチをするとか、映画を1本見るとか——セックスをする前に。こ

んなのは異常な展開の速さなのだと、わたしはミミに伝えよ
うとした。ギリシャ語で「はやい」は「グリゴラ」だ。それ
に、ギリシャ人は強調したいことがあると言葉を繰り返す。
それでわたしは「早すぎる」と伝えようとして、「グリゴラ、
グリゴラ」と言った。「早すぎるでしょ」と。じつは「早く、
早く」と言っていたのだとわかったのは、あとになってから
だった。

　ミミはクレタ文明についてはたいして教えてくれなかった
が、彼の態度から、地中海をひとり旅する女は男を欲しがっ
ているというイメージが蔓延しているのだとよくわかった。
白内障を患っていた親切な老人をのぞいて、なぜひとりで旅
をしているのかと男たちは決まって訊いてきたし、敢えてひ
とり旅をしているのだと信じてくれなかった。で、お連れ合
いはいまどこに？　レストランでひとりで食事をしている
と、わたしは観光客の注目の的になった。食事は社交の場で
あり、ギリシャには何種類もの料理を分け合う習慣がある。
もしわたしがオリーブとジャジキとカラマリと、ギリシャで
χωριάτικη σαλάτα（ホリアティキ、村のサラダという意味）と呼ば
れる料理が食べたいと思ったら（妥当なチョイスだろう）、4人家
族が満腹になる量の料理が運ばれてくる。ウェイターは判を
押したように男性ばかりで、わたしに言い寄り、プライベー
トな質問をし、オートバイでアクロポリスを案内してあげる
と誘ってくる。公共のベンチに座りたければ、どこかの夫婦
にくっついて、夫婦と同居している愛人のふりをしなければ
ならなかった。自分が女としてそこまで注目されることにわ
たしは慣れていなかった。いい気分にもなったが混乱した。
だから夫がいることにして（名前はメネラオスとしておこう）、彼
はホテルの部屋で休んでいるということにするか、わたしが
ギリシャ人男性に興味がないのは男性全般に興味がないから

だという体を装ってギリシャ人男性の面目を保つよう配慮しておけば、すんなりいったはず。

　男の人は好きだけど、ひとりで行動することにかんしては並々ならぬ執念を燃やしていたので、好色なトマト農家に言い寄られたぐらいで節を曲げるわけにはいかなかった。旅の最終目的地はコンスタンティノープル、あるいは、わたしはこう呼ばれるべきだと思うのだけれどコンスタンティノポリス（イスタンブールという名前は「町へ、町のなかで」という意味のギリシャ語、「イス・ティン・ポリ」がなまったもので、コンスタンティヌス帝の町だと認識されるべき）だ。ホメロスの足跡をたどっていたわたしは、トルコのチャナッカレ近くにある考古学遺跡のトロイ経由でそこまで到達したかった。『イリアス』と『オデュッセイア』はギリシャ語のイオニア方言で書かれているので、レスボス島周辺地域や、本土の都市スミルナ（現在ではトルコのイズミル）とかかわりが深い。青と白のストライプ柄のギリシャ国旗がはためく船に乗って、ロドス島からキオス島へとドデカネス諸島を進んでいき、それから赤地に三日月と星のついたトルコ国旗がはためく船に乗って対岸に渡った。

　トルコに近づくほど船は小さくなった。大型フェリーにはウィスキー、ビール、ワインなど何でもそろっているバーがあったのに、キオス島からトルコに渡るときに乗った最後の船では、1杯ずつ注文するストレートのウゾだけだった。氷と水で薄まったウゾが入った小さなグラスに口をつけながら手すりのそばに座っていたそのとき突然、ホメロスがよく使う「葡萄酒色の海」という修辞が腑に落ちた気がした。そもそも海は青い。少なくともよく晴れた日には青く見えるし、葡萄酒のような紫色ではない。雲の下では灰色か緑がかった灰色になる。地中海の海岸沿いの浅瀬ではターコイズブルーだが沖では濃い青色だ。古代ギリシャ人は青色を認識できな

かったんじゃないかという説がある（おそらく「葡萄酒色の」という言葉にヒントを得たのだろう）。でも、ちがうんじゃないかな。古代ギリシャ人は青色の世界に住んでいたのだから。ギリシャには広い海と蒼穹があった。あまりに青色ばかり目に入るものだから、ギリシャ人は青色越しに世界を眺めていたのかも。つまり、青色は空気のように透明だったということ。魚が水のなかにいるように、青色はギリシャ人を包み込む媒体だったのだ。ギリシャ人たちは貴石のなかでもひときわきらびやかなラピス・ラズリや可憐な淡い青色の花をつける亜麻という植物に慣れ親しんでいた。わたしがウゾをちびちびやりながらエーゲ海を眺めていてひらめいたのは、ホメロスはなにも葡萄酒の色について言っていたわけではないということ。葡萄酒が注がれた杯のなかに見られる深みが海にあると言っているのだ。摩訶不思議で、催眠作用があり、危険な深みが。「葡萄酒色の」とは、色のことではなくて質感のことだったのだ。それは人を引き込む力があり、そこに引き込まれたら正気ではいられないのかもしれない。

　トロイ遺跡近くのチャナッカレの町はいささか期待外れだった。わたしがそれまでに覚えてきたトルコ語は「水」と「バス」と「ありがとう」を表す言葉だけだった。トルコ人から「ありがとう」と言われるときは「メルシー」だった。トルコでは観光客向けの外国語はドイツ語と決まっていた。緊急事態になったらドイツ語を思い出せばいい。*Es ist besser wenn ich nicht in dein Zimmer gehe.*（あなたの部屋には行かないほうがいいでしょう）。チャナッカレでは小さな男の子を連れた男性の世話になった。その男性はわたしが何を尋ねても「できます」と答えた。なんだってできるんだ！　それが良い考えではなくても、なんだって。彼はわたしとわたしの荷物のすべてをトロイ遺跡に向かうミニバスに乗せた。トルコ人は観光

産業に長けていなかった。遺跡には、警備員も、ガイドも、博物館も、パンフレットも、切符売り場も、コーラの自販機も、何もなかった。ただ埃っぽい土地によくわからない看板が立っていて、地層が描かれ、実線や点線で異なる定住期が示してあった。モニュメントとなる大きな木馬が建造され、展望台となっていたので、わたしは木の階段をのぼってみた。トロイは思ったよりも内陸にあった。ドイツ人の素人考古学者、ハインリッヒ・シュリーマンは、ホメロスが残した手がかりから、古代都市トロイがどこに築かれたのかを推測して、その場所に赴いて発掘をおこなった。そして、プリアモス王時代のトロイ遺跡を掘り当てた。ときは1870年、近代科学や考古学調査にかかわる倫理観が確立される以前の話だ。現代の基準に照らし合わせたらシュリーマンは無頓着だし、結果として遺跡を荒らすことになった。

　トロイア戦争が実際にあったと信じていない人もいると知って意外だった。トロイア戦争がなかったはずはないでしょうに。ホメロスとその仲間がトロイア戦争を吟じていた時点で、そこからさらに数百年さかのぼった紀元前1200年のできごとだったのだ。『イリアス』の現実的な筆致こそ、トロイア戦争が実際にあったという証拠なのでは。たとえば、『イリアス』には、「アイアース」という名の人物が2名出てくる。アイアースという名のふたりが実在しなかったら、なぜわざわざホメロスは別々の登場人物に同じ名前をつけたのか。フィッツジェラルドはこのふたりを「背の高いアイアースと背の低いアイアース」として区別した。おまけに、ある登場人物が2つの名前で呼ばれるのも真に迫っている——パリス／アレクサンドロスと。この人物はギリシャ人や神々にはアレクサンドロスと呼ばれるが、家族内ではパリスと呼ばれている。

　地元のガイドに頼らず、現地の言葉もおぼつかないままひとり旅をしていると不満が溜まることもあるが、うまくいったときの満足感は格別だ。船が入ってきて、碇のついた鎖が船体に沿って降ろされるやいなや、わたしはいそいそとタラップを渡っていく。ほかの観光客（カップルや家族連れ、バックパッカーなど）は船尾に集まって、さっきまでいた場所に別れを告げるために手を振っているが、わたしは舳先に陣取って、次の目的地に行きたくてわくわくしている。旅の推進力はまちがいなく前へ前へと勢いづいていた。

◎◎

　その旅で、コンスタンティノープル経由でエーゲ海上をハリケーンのようにぐるぐると回り（その間「ダーダネルス海峡を渡って」というタイトルの旅日記をしたためながら国際人気取りでいた）、ギリシャ本土に上陸してテッサロニキに向かい、ニューヨークからやって来た友人たちと合流した。わたしたちはそのままデルフィやペロポネソス半島を回ってアテネに戻った。うまく行かないことがあっても結果オーライだった。スポラデス諸島（その名から島々が散在していることがわかる）のスキアトス島行きのフェリーを逃したので、日中はピリオ山周辺をドライブして過ごし、夜になると、英雄イアーソンと彼に従ったアルゴナウテースたちが金の羊毛を求めて出港した（これもリュケイオンのヒット上映作だった）ヴォロスで過ごした。自分の木からとれた果物を売っている女性からサクランボと小さなアプリコットを買ったら、別れのプレゼントだとして女性が庭から切ってきたというクチナシの花をもらった。アポロンに神託が下された地として有名なデルフィはペテン師やまがいもののギリシャらしさであふれていた。観光

客向けのレストランではチップ目当ての少年たちがやる気なさそうに踊っていた。ところが、道の反対側の、パルナッソス山のふもとにある女神アテナの聖域の警備員は真心のこもったにこやかな挨拶をしてくれた。彼の縄張り、紀元前4世紀に建てられた円形神殿のトロスは風景のなかに完璧に収まっていた。灰色と白色のまだらの再建された3本の円柱が屋根の一部を支えていた。その警備員は「ストゥス・デルフス」（デルフィに）という言い回しを教えてくれた。都市の名前が「デルフス」と複数形になっているのはこの地に住みついているという伝説のイルカ族への配慮なのかもしれない。そして、対格の形をとっている。警備員は、指先ほどの大きさの小石をふたつ地面から拾い上げてわたしにくれた。ひとつはすべすべしていて濃い灰色、もうひとつは貝殻のようなピンク色の縞模様。魔よけのお守りだ。

　デルフィを出てペロポネソス半島を南下し、観光客たちが向かうミケーネ遺跡（蜂の巣構造の墓所、巨大な城壁、そして階段状になった古代のエピダウロス劇場がある）を目指す途中でわたしたちは幹線道路を外れて裏道に入った。あたりに広がっていたのは、マルハナバチがアジサイに群がるように大挙して押し寄せるべき素晴らしい風景だった。ペロポネソス半島はヘラクレスゆかりの土地で、生誕の地であるティリンスや獅子を投げ飛ばしてその頑丈な皮を身にまとったネメアなど、彼の名が思い出される場所がたくさんある。両側にブドウ畑が広がる狭い道を走っているのはわたしたちの車だけだった。標識（サイン）が出ていると期待して（それは宇宙からのサインであり世俗のお知らせでもある。幹線道路から外れたのは正しい決断だったと神々に太鼓判を押してもらい、運輸省には正しく曲がっていけばナフプリオにたどりつくと教えてほしかった）、交差点に差しかかったそのとき目に飛び込んできたのは——ばかでかい看板で、道順が示

してある……クレオネス遺跡への？　交差点に差しかかるたびに、クレオネス遺跡に至る道を示された。わたしたちは伝説の牧歌的な風景、アルカディアに向かっていて、徒歩で旅をするヘルメスを想って気もそぞろになった。

　ナウプリオでその日の宿を探すうちに魔法の一部が消えた。ゲストハウスを経営する女性（女神ヘラの信奉者にちがいない）に、眺めのいい部屋に泊まるのを拒否されたのだ。ダブルベッドが入れてある部屋で、わたしはおひとりさまだったから。個人的に受け止めるべきではなかったのだろう。誰だって生計を立てていかなければならないのだし、これは経済の問題なのだ。おひとりさまをダブルの部屋に入れることはできても、カップルをシングルの部屋に入れることはできない。わたしから眺めのいい部屋を取り上げておいて、うまみのある格好のカップルが現れるチャンスを待ち（実際に現れた）、そうやって女主人は観光客相手の商売でたんまり儲けていたわけだ。友人たちは海に向かい、わたしはぶすっとして街に繰り出した。でも、そこでたちまち不機嫌は吹き飛んだ。見たことのない紫色の花をつけた木が並んでいた。これが、ジャカランダなの？　木々はラッパ形の花で覆われ、行進を迎えるかのように道が紫の絨毯になっていた。しばらくして、ディナーの席で友人たちとワインリストを眺め、「ネメアの赤」(Nemean red) のボトルを1本注文した——わたしたちは「ネメアン」と発音したのだが、その後「ネメイアン」と発音するのだと知った——わたしたちが車を運転してきたブドウ畑の、ヘラクレスの芳香を放つブドウから醸造されたワインだ。こういうことはギリシャではしょっちゅうだった。短気な女主人やわかりにくい道路標識が織りなす現実がぱっくり裂けて、そこから神話があふれ出す。たしかに現実世界では家賃を支払わなくてはならない。でも、その現実が永遠

と交わった瞬間を堪能しない手はない。

　どこかに行きたい欲求がすべて満たされなくても、旅に出たことでギリシャにまつわるあらゆるものを求める気持ちが以前よりもいっそう研ぎ澄まされた。またここに戻って来るという決意を胸にわたしは帰国の途についた。古代ギリシャ語を学んで古典にも取り組もう。それからわたしはホメロスの原典に夢中になった。土地や海、言葉、文学に親しんでギリシャ気質を自分に染み込ませてギリシャ人になれたらいいのに。せめて、ギリシャ人とまちがえられるぐらいにはなりたい。オデュッセウスはわたしの英雄だ。そして彼のように、わたしにも女神アテナがついていてくれたらいいのに。なんといっても彼女は学習の守護神なのだから。わたしだって、魂だけならきっとギリシャ人になりきれる。

　オリュンポスの神々のなかでもアテナほど特徴がつかみづらい女神はいない。オデュッセウスが堅忍不抜の男であれば、アテナは変装の天才だ。ホメロスの作品中、助言者からツバメまで、アテナはさまざまな姿で登場する──家族の古くからの友人、早熟な小娘、豚飼いの戸口の外に立っている背の高い美女など。父親から授けられたアイギス（表面には山羊革が張られ、蛇で縁取られている盾）を手に持ち、メデューサの首をアクセサリーにしている。アテナは戦争と結びつけられるが、彼女が奨励するのは戦いよりも外交、武力行使よりも知性、闇雲な攻撃よりも戦略、無秩序よりもたゆみない警戒だ。彼女はおそるべき存在であるのと同時に希望も抱かせてくれる。攻撃者であり守護者でもある。わたしたちに多くを期待し、わたしたちのなかから最善のものを引き出してくれる。アテナはまちがいなくオデュッセウスの味方だ。でも、どこかに向かおうとしている人なら誰でも味方になってくれるだろう。

第3章

生きていたって死んでいたって
[Dead or Alive]

　死んだ言語を学んだところでどんな価値があるのかと疑うのなら、〈スクリップス・ナショナル・スペリング・ビー〉をのぞいてみるといい。英単語の綴りの正確さを競うこの全米大会はスポーツ専門チャンネルESPNで放映され、辞書編纂者による実況解説や出場者の人となりに迫るインタビューなど、オリンピック競技さながらなのだ。ギリシャ語なら少しは知っているとわたしは自負していた。ところが、スペリングのエリートたちは、意味や綴りはおろか、その存在すらわたしが知らなかったギリシャ語由来の単語をいつだって正確に綴る。2018年大会では、膨大な数にのぼるギリシャ語由来の英単語からいくつか出題されていた。「ephyra」〔エフィラ、クラゲの幼生〕、「pareidolia」〔パレイドリア〕、「ooporphyrin」〔オーポルフィリン〕、「lochetic」〔獲物を待ち伏せて〕、「ecchymosis」〔斑状出血〕、「ochronosis」〔組織褐変症〕、日時計をつくる技術を指す「gnomonics」、アテネのアクロポリスの儀礼上の門のような前門を指す「propylaeum」などだ。「pareidolia」とは、思いがけない場所に何かのイメージを認めるという、きわめて人間くさい性癖を指す言葉だとはじめて知った。たとえば『ウェブスター辞典完全版』では、「トーストしたチーズ・サ

ンドウィッチの表面に浮かぶ聖母マリアの顔」という用例が載っている。「ooporphyrin」とは、卵（古典ギリシャ語では ᾠόν）と紫色（「porphyry 斑岩」は濃い赤紫色の岩石だ）に関係する何かではないかとまでは察しをつけた。紫色の卵を産む架空の生き物とか？　惜しかった。それは、茶色い卵の殻の表面に浮かぶ特徴的な色素を指す言葉だった。

　このときは「koinonia コイノニア」という言葉で優勝が決まった。「Koine コイネー」が聖書に登場するギリシャ語だと知っていたので、言葉の意味には心当たりがあった。コイネーとはリンガ・フランカのような共通語のことだ。だから、コイノニアとは、信者の共同体のなかで共有される精神を指す。この大会で単語の発音を担当した、自身も優勝経験のあるジャック・ベイリーは「koinonia」の発音をふた通り披露した。ひとつは「oi」の音が入る古典ギリシャ語発音で、もうひとつは「ee」の音が入る現代ギリシャ語発音だ。ちなみにベイリーは1980年にラテン語由来の「elucubrate」という単語で優勝を決めている。これには「苦労して作品を生み出す」だとか、夜遅くまでランプの油を燃やして勉学に励むという意味がある。ベイリーはいまではヴァーモント大学の古典学教授になっている。

　ある少年は、「Mnemosyne ムネーモシュネー」という言葉で次のラウンドに進んでいた――ムネーモシュネーとはムーサたちの母親で記憶を司る女神であり、人間に記憶の仕組みを与えた。ムネーモシュネーこそまさに、スペリング・ビーを統べる女神なのだ。この大会に出場する子どもたちは誰もがランプの灯りで夜遅くまで机に向かい、連結形を頭に叩き込んできた。ほかにも、ドイツ語由来の多音節の単語（Bewusstseinslage〔意識の状態〕）や、印象派風のフランス語由来の単語（cendre〔アズライトブルー〕）など、英語が取り入れてきた外国

語はたくさんある。これらの借用語はもとの言語の特徴を引き継いでいて、ドイツ語の数語がひと塊になる傾向や、フランス語の鼻音化傾向などがある。〈スクリップス・ナショナル・スペリング・ビー〉の優勝者はきっとベイリーのように将来言語の専門家になるんだろう。

　どんな言葉でも——ギリシャ語、ラテン語、ヘブライ語、ドイツ語、フランス語、スペイン語、ポルトガル語、日本語、タイノ語などなんでも——それを学ぶことであなたの心は広がり、別の文化を眺める窓が手に入る。その向こうには別世界が広がっていて、何かを言ったり、聞いたり、見たりするのにもまったくちがう方法があるのだと気づかされる。「外国語はできないから」だとか、「わたしには英語でお願い」なんて言ってる言葉が耳に入るたびにわたしは残念な気持ちになる。外国語を学ぶときに必要なのは謙虚な心、自分の無知を認めること、間抜けに見えたってかまわないという心構えだ。そして、失敗を重ねながら言葉を学んでいく。ともかくわたしはいつもそうしている。

　ギリシャ語由来の英単語を綴るだけでも手ごわいのに、ギリシャ語の単語をギリシャ文字で綴るのはもはや魔術の奥義のようなものだ。しかも、ギリシャ語は音声言語なのにもかかわらず、あちこちに飛び跳ねる強勢のせいで発音がとにかくやっかいときている。英語だったら、強勢を置く音節をまちがえてもたいていは理解してもらえる（とはいえ、面と向かってか裏でか、笑われる可能性はあり）。だが、ギリシャ語単語の強勢の位置をまちがえたら最後、ほぼ通じないか、意図したのとはまったく別の意味で取られかねない。はじめてギリシャに旅立つわたしを見送りに来てくれた大好きな先生、ドロシー・グレゴリーはあのとき何を思っていたのか、いまでもときどき考える。復活祭の時期に旅行するのはいかがなもの

かというのが彼女の意見だった。たしかに、わたしは疎外感を味わった。復活祭はギリシャでは盛大に祝われる家族の祝日で、わたしはまったくの異邦人、「クセニ」だったから。復活祭の挨拶にそつなく返事をしようとして口にした言葉がドロシーの耳に入ったら、きっと冷や汗をかいただろう。「ハリストス復活」〔ハリストスはギリシャ正教会でイエス・キリストのこと〕と誰かが言ったら、「実に復活！」と答えることになっている。ところが、わたしは副詞の末尾の調子をまちがえてこう言っていたのだ。「本当に？　よみがえられたんですか？」

　アイルランド系の顔立ちをしたアメリカ人が片言でもギリシャ語を話せるとは、当然誰も思わない。ほとんどのギリシャ人の英語のレベルはわたしのギリシャ語よりも上だから、会話の練習相手はなかなか見つからない。あるとき、ロドス島のファーマーズ・マーケットでアーティチョークが売られているのを見て感激したわたしは、「Αγκινάρες!」（アンギナレス）と、野菜を売る屋台の皺だらけの老人に言ってみた。すると、「欲しいものがあったら何でも言って」と英語で返ってきた。彼が育てた、茎がすらりとして美しい作物を2、3本受け取って行こうとしたところ、ギリシャ語が聞こえてきた。「英語ではなんと言うのかね？」わたしは立ち止まり、振り返って言った。「アーティ、チョークです」と。老人はそれを繰り返した。「Αρτιτσοκ」。ギリシャ人にギリシャ語を教えてもらえなくても、彼らが英語を学ぶ手助けならできる。

　あるときピレウス滞在中に、フェリーが出たり入ったりする広大な埠頭で半島の反対側にある港を眺めていたところ、レストランの店主に声をかけられて、厨房から道を渡ったところにある、世界中から集まったヨットが浮かぶ馬蹄型の風光明媚な港が一望できる特等席を勧められた。その日わたしは疲れ切っていたので、英語で話しかけてきた店主にとりあ

えず英語で注文を伝えた。食事が済み、道を渡って地下にあるお手洗いを使った。階段をのぼったときに、踊り場の一画がカメの飼育場になっているのに気づいた。カメを表すギリシャ語なら知ってる。というのも、テッサロニキ郊外のパノラマの町で、小さな男の子がガラスケースに入ったカメを指さして、「Χελώνα!」と叫んだのを聞いたことがあったから。それを聞くまでは、ギリシャではカメのことを「ヘロナ」と本当に呼んでいるのか、正直なところ半信半疑だった。カメを見てうれしくなって、ギリシャ語で何匹いるか数えてみた。「ミア、ディオ、トリス、テッセラ、ペンデ、エクシ、ヘフタ、オクト──オクト・ヘロネス！」レストランを出ていくとき、すれ違ったウェイターにわたしは英語で「カメが8匹〔eight〕いるんですね」と言った。すると、ウェイターはおびえた。「いいえ！　カメを食べたり〔eat〕しませんよ！」

　そもそもわたしのギリシャ語は通じるのか、読者のみなさんは疑っているだろう。

　入門レベルのギリシャ語講座では食べ物、数、季節を表す言葉を学んだ。季節を表すギリシャ語はとりわけ美しい。春は「アニクシ」。これは「開ける」「栓を抜く」という意味の動詞の ανοίγω がもとになっている──つまり、「一年の幕が開く」ということ。夏は「カロケリ」で、これは文字どおり「良い天気」という意味。秋は「フティノポロ phthinóporo」、一年の最後の収穫と熟し過ぎた果実を連想させる言葉だ（phth と子音が連続する冒頭部分は英語話者にしてみたらサクランボの種を吐き出すようで、下品な印象を与えるかもしれない）。冬は「ヒモナス」で、どうにかして暮らしていく嵐の季節。

　それ以来、開けても暮れても名詞と動詞ばかり。まず名詞が出てきて、ものごとを名づける。そのあとに動詞が来て、どこかに行ったり何かをしたりする。そのうち動詞を時制ご

とに分けるようになるとぐっと難しくなる。そこまで来ると
わたしは別の言葉に浮気する。スペイン語では現在時制より
先に進まなかった。過去形を表すときは肩越しに親指を引っ
かけ、未来時制を表すときは身体の正面で左手をひらひらさ
せて、先に向かう動きを示した。メキシコに行ったときはお
バカなふりをした。それでも食べ物や飲み物にはありつけた
し、バンドエイドだって買えた。

『ニューヨーカー』の上司、エド・ストリンガムは、ギリ
シャ語のイエスとノーをわたしに教えてくれた。そのとき、こ
のふたつの言葉のあいだに存在する混乱にふたりで思いを馳
せた。ドイツ語の「ja ヤー」と「nein ナイン」は英語の「イエ
ス／ノー」とはっきりとした類似がある。フランス語の「oui
ウイ」、イタリア語の「si シ」、スペイン語の「si シ」は簡単
に口にできるし、ロマンス語では（ポルトガル語ですら）、「no
ノー」、「non ノン」、「não ナオ」など、基本的にはすべからく
く「ノー」に準じている。ところが、ギリシャ語のイエスは
「ναι ネ」で、これは否定語の「no ノー」や「nah ナー」の音
に近い。かたや、ノーは「όχι オーヒ」で、こちらはイエス
という意味の「OK」と似た発音なのだ。どうしてここまで
人生がこんがらがらないといけないのか。旅に出かけたと
き、その国に合わせて「イエス」と言おうとして、なかなか
正しい言葉が出て来ないことがある──「ヤー」、「ウイ」、
「シ」、「ネ」、「イエス」と。だが、「オーヒ」は慣れてしまえば
口にするのは楽しい。子どもはときどき、最初の音節を引き
伸ばして「オーーーヒ」と下がり口調で言ったりする──抗
議の気持ちを込めて。ギリシャが第2次世界大戦に突入した
10月28日を、ギリシャ系アメリカ人たちが「オーヒ・デイ」
と呼ぶことがある。これは、ムッソリーニの軍隊がアルバニ
アから侵入せんとするのを断固として拒否した当時の首相、

イオアニス・メタクサスの言葉にちなむ。ちなみにその後侵攻してきたナチスはギリシャ人たちに「オーヒ」を言わせなかった。

　ギリシャ人はよくイエスを繰り返して「ネ、ネ」と言う——英語の「yeah, yeah」みたいに。そうすることで、相手を安心させたり、じれったく思う気持ちが伝わってきたりする。英語圏のうなずきに相当する、「ネ」にともなうジェスチャーは、一度だけ優雅に首を下に傾けてそれから横に向ける。「オーヒ」はあごをさっと突き上げる。これはときに必要以上にぶっきらぼうな印象を与える。新聞スタンドの不愛想な店主が、わたしの欲しがるような新聞はもう残っていないと伝えようとして、あごをさっと突き出すことがある。そこにさらに、「Finished」（おしまい）だとか「All gone」（完売）と言おうとして、「フィーニース」と付け加えることも。

　ほかにも、ギリシャには「OK」を表す特有の言い回しがある——「εντάξειエンダクシ」だ。文字どおりの意味は「秩序がある」ということで、学校の教室を思い出す言葉だ。Τάξη（現代ギリシャ語では主格）は、「classroom 教室」という単語にも入っている、「class 授業」という意味で、そこでは秩序と規律が保たれるものとされる。ここでやっかいなのは、εντάξειでは強勢はアルファに置かれているのだが、タクシーを呼びたいときは強勢を最後の音節ταξίに忘れずに移さないといけないということ。さもないと街角で間抜けのように突っ立って、「授業、授業」だとか「秩序、秩序」とわめいていることになる。これでは、タクシーが呼びたいのだと誰にもわかってもらえない。

　幼児に戻ってギリシャ語をイチから身につけるのは不可能なので、わたしは利用できるものはなんでも利用することにした。つまり、英語の助けを借りながらギリシャ語を学習し

たのだ。英語には数多くのギリシャ語由来の単語がある。最初に紹介した丁寧表現、「パラカロ」や「エフハリスト」もそうなのだが、英語にも通じる響きを聴き取りながら覚えた言葉がほかにもある。アテネのホテル・アキレウスに到着したとき、受付係がエレベーターを指さした——それはヨーロピアン・スタイルでケージが付いた巻き上げ式の、滑車が重量に耐えられるか心配になるような代物だった。わたしはそこで、ギリシャ語で「Λειτουργεί;」（リトゥルギ？）と聞いてみた。「動いているの？」と（ところで、ギリシャ語の疑問符はセミコロンのような形をしている）。わたしがこの言葉を覚えていたのは、それが「liturgy」という、キリスト教会が執り行う礼拝や祈禱を意味する英単語と関係しているからだ。ギリシャ語、ドイツ語、英語、フランス語を自在に操る受付係は、ただ「ネ」と答えた——もちろん、エレベーターは動いている。でも、わたしには少々年季が入っているのではないかと思われた。それで、乗っているあいだじゅう思わず祈らずにはいられなかった。

　ドロシー・グレゴリーはたくさんの語彙を授けてくれた——わたしはギリシャ語単語カードを入れてある箱を持っているのだが、その一部は彼女の手書きだ——でも、頭に残っているのは、彼女がわたしに向かって直接口にして、うってつけのタイミングで辞書から取り出した単語ばかりだ。たとえばあるとき、彼女は「Διψάς;」（ディプサス？）と聞いてきた。「喉が渇いている？」と言われているのだとわたしは理解した。「dipsomaniac アルコール中毒者」が、つねに喉の渇きを抱えているという知識はあったが、ドロシーが διψάς; という動詞を、2人称単数現在形で実際に使っているのを聞いて、わたしの乾いた喉と結びつけたときにはっとした。「Ναι, διψάω」。それじゃあ、どうしようか？　廊下に冷水

器があったんじゃないかしら。ギリシャ人男性が植物に水を
やったり、犬にボウルを出してやったりする姿を見るとわた
しの胸がときめくのは、もしかしたらこのときの体験が影響
しているのかもしれない。誰かに水を与えるのは、思いやり
なのだ。

◎◎

　これまでに紹介してきた単語はすべて現代ギリシャ語で、生
命力にあふれて生き生きとしている。ところが英語圏で何かを
命名するとき、よく古代語が頼りにされる。自然界のものを表
すギリシャ語由来の用語は数多い。たとえば、「ocean 海」、
「dolphin イルカ」、「hippopotamus カバ」、「peony 牡丹」、「ele-
phant ゾウ」、「pygmy 小動物」などがある。古代ギリシャ語由
来の単語（そして生き残って現代ギリシャ語に入ったもの）のなかには
珍しい生き物を表すものもある。「Octopus タコ」はギリシャ語
由来の言葉だ。οκτώ（8）＋ πους（脚）＝ 8本脚の生き物（タコが高
い知性の持ち主だと知ってから、わたしはレストランでタコのグリルを注
文するのをやめた）。タコと同じく、「medusa」、つまりクラゲも、
奇妙な形をした海の怪物だ。「hippocampus」、タツノオトシゴ
も然り。「elephant ゾウ」の起源をたどると、わたしたちの古く
からの友人、フェニキア語のアレフ、つまり「牡牛 ox」にたど
りつくだろう。

　ギリシャ語から直接英語に入ってきたかのように思える言
葉でも、よく調べてみるともっと複雑な経路をたどっている
とわかる場合がある。たとえば、「eucalyptus ユーカリ」。こ
れは、「ευ すぐれた、よく」＋「καλυπτος 覆われた」＝「よ
く覆われた、帽子状の花」という意味だが、ユーカリの原産
はオーストラリアだ。記録に残る初出は1788年。いっぽう

で、古典ギリシャ語をもとにした英語を経由した現代ギリシャ語でも、ユーカリは「ακακία」だ。あるときペロポネソス半島で、わたしには野生の白い藤に見える、芳香を放つ植物を誰かが「ακακία（アカシア）」だと言うのを聞いて、ギリシャ語の「ακακία」は英語「acasia」の音訳だったかしら、とふと考えた。言葉か木か、どちらが先だろう。棘のあるアカシアは、アフリカと中近東原産で、アメリカ大陸からもち込まれたものではない。だから、「ακακία」は「acacia」以前から存在している。とは言えるけれど、言葉が登場する前から木そのものはまちがいなく存在していた。

　花や昆虫など、自然界のものごとを表す名前は、その土地ならではの場合が多い。一例を挙げると、わたしが子どものころ、蒸し暑い夏の夜にクリーブランド上空に群がるブヨやユスリカは「カナダの兵隊 Canadian soldiers」と呼ばれていた。エリー湖の対岸に住む隣人たちへの侮辱だととられかねない言葉だとは思いもせずに、わたしはその言葉を口にするようになった──単なる虫の名前だと思っていたから。わたしの祖母は、家と車寄せのあいだのわずかな地面に、「永遠の命 live-forever」という名の、背が低くてぱっとしない、小ぶりな植物を植えていた。子どものころはその植物が好きではなかったし、それはいまでも変わらない。でも、「セダム sedum」という名前で呼ぶならという条件で、友人がわたしの庭にそれを植えるのを許したことがある。ぱっとしない植物ではあるが、広く普及したその呼び名はよくなじんでいると認めざるをえない。たしかに、永遠の命をもってそうな風情だから。

　ギリシャ語由来の花の名前のなかには、じつはギリシャ以前にまでさかのぼるものもある。つまり、語源をさかのぼっていくと、古代ギリシャ以前の言語や民族に行きつくことが

あるのだ。たとえば、スイセンを表す「narcissus ナルキッソス」という言葉は、もとをたどれば、南欧原産で、現代わたしたちが一般的に「daffodil」（ラッパズイセン）と呼ぶ花を指すギリシャ語だった。美しい若者が水に映った自分の姿に恋をするというナルキッソス神話は、時代を超えて花を擬人化し、その存在をよく表している。ナルキッソスという言葉はギリシャ語の「ナルキ」と関係していて、麻痺、無感覚、催眠性という意味がある。「daffodil」は、冥界の王ハデスと死者のための花を表す、ギリシャ語の「アスポデロス」がなまったものだと考えられている。同じ種類に属する花を表す、フランス語風の呼び名に「jonquil」（キズイセン）がある。また、ヒヤシンスの花にも神話が残る。ヒヤシンス（ヒュアキントス）は太陽神アポロンの寵愛を受けたギリシャの若者だったが、不慮の事故でアポロンにより殺されてしまい、その後アポロンは彼を花に変えた。

　じつは、ギリシャ語には花を表す言葉が2つある。古典ギリシャ語の「アントス」と、現代ギリシャ語で、浮ついた感じのする「ルルーディ」だ。ギリシャ叙事詩の最高傑作を集めた『ギリシャ詞華集』では、詩のひとつひとつが花のごとくまとめられている。まさに、言葉の花束だ。

　ありふれたイギリスの花に古めかしい名前がつけられる風潮を嘆いたのはジョージ・オーウェルだ。彼はこう書いている。「近ごろでは、キンギョソウ（snapdragon）はアンティリナム（antirrhinum）と、辞書を引かなかったら誰にも綴れない言葉で呼ばれている」（それどころか、発音だってできないだろう）。さらに、「忘れな草（forget-me-nots）は、ミオソティス（myosotis）と呼ばれることが増えた」とも。オーウェルはさらにこうつづける。「"マリーゴールド（marigold）"よりも"カレンデュラ（calendula）"という言葉が好まれるような状況は、英語と

いう言語の未来を考えるうえで幸先がいいとは言えないのではないか」。ナデシコ（pink）が、「ディアンサス」（dianthus）と呼ばれるようになり、キツネの手袋（foxglove）ではなくて「ジギタリス」（digitalis）という呼び名が主流になったら何かが失われるということには同感だ。ここで問題になるのは、花の名前の図鑑の登場以前から花は咲いていたということ。そして、ある花が咲いている場所で人びととはその花を表す自分たちだけの表現をもちたがるということなのだ。

　他の外国語からギリシャ語に入ってきて音訳された単語は、近代以降にギリシャにもち込まれたものがほとんどだ。たとえば、1832年にヨーロッパの列強がバイエルンのオットー・フォン・ヴィッテルスバッハをギリシャ王に据えたときに、ドイツから醸造業者が連れてこられるまで、ギリシャにこれといったビールは存在しなかった。ギリシャ語でビールを表す μπίρα という言葉は、イタリア語の「ビッラ birra」がもとになっている。

　医療用語にギリシャ語由来の言葉が多いのは、わたしたちが医療だと思っているものの大部分がギリシャに起源をもつせいかもしれない。医者は「ヒポクラテスの誓い」を立てるが、「第一に、わたしはいかなる危害も加えません」で始まるこの信条はじつはでっちあげられたものだ。ヒポクラテスは、病気は神々の下した罰ではなく自然現象だとみなした最初の人物だと広く認識されている。救急車の後部についている、2匹のヘビが絡まり合うカドゥケウスのシンボルはギリシャ神話に由来している。このシンボルは、アポロンの息子で医神アスクレピオスが持つ杖とよく似ているが、アスクレピオスの杖に巻きついているヘビは1匹だけ。わたしに言わせればギリシャ人はヘビを買いかぶりすぎている。まあ、ヒルよりはましということかもしれないけれど〔ただし世界的に見

ると救急車はヘビ1匹だけのアクレピオスの杖をシンボルとしている場合が多い〕。

　ところで長年疑問に思っていることがある。「otorhinolaryngologist 耳鼻咽喉科医」（耳 ear、鼻 nose、喉 throat の医者で英語ではして ENT になる）、「ophthalmologist 眼科医」、「orthodontist 歯科矯正医」などの単語は、果たしてギリシャ語由来と言えるのだろうか。これらの単語はたしかにギリシャ語にもとづいている。でも、古代ギリシャ人はこれらの専門医に診てもらうことはなかったし、歯に金属の歯列矯正装置をつけることもなかったではないか。アテネの弁論家、デモステネス〔吃音があったとされる〕は言語聴覚士に相談していない。伝わるところによれば、口いっぱいに小石を詰めて海に向かって演説の練習をしていたという。あとで口から小石を出して、聴衆に語り掛けるときにはっきりとした力強い声が出せるようにするためだ。これらの英単語は、各専門医が世に登場したときにギリシャ語の一部をつなぎ合わせてつくられた――まさに、小さな言葉をつぎはぎにした、フランケンシュタインのような言葉の人造怪物だったのだ。

　ヴィクトリア朝時代に医学の専門教育を受けた者はラテン語とギリシャ語を学んだはずだが、医者がすべからく古典好き、というわけでもなかった。それでも、何かを命名するとなると彼らはこぞってギリシャ語を採用した。古くからあるギリシャ語は、信頼できる、権威ある出典だとみなされていたのだろう。神秘的な効果も狙っていたかもしれない。大仰な言葉は人に印象を残しやすいのだ。古英語には身体の部位を表す独自の単語があった。「lung 肺」、「blood 血液」、「kidney 腎臓」、「gut 腸」、「elbow 肘」、「knee 膝」など。だから、ギリシャ語がなくてもこと足りる。とはいえ、ギリシャ語由来の言葉があるからこそ英語はより豊かになる。同じものを

表すのにもふた通りの言い方があるのだから。もしかしたら、ギリシャ語由来の単語の効用とはわたしたちが身体とのあいだに安心できる距離を置くことなのかもしれない。「tennis elbow テニス肘」と「epicondylitis 上顆炎」だったら、あなたはどちらがお好みだろう。「water on the brain」（脳内に溜まった水）と「hydrocephalus 水頭症」では？　医者が誰かを「hemophiliac 血友病患者」と呼ぶのは、「bleeder」〔「血友病患者」という意味のほかに「いけすかない人」という意味もある〕ではあんまりだと患者の母親が思うからかもしれない。ある病気をギリシャ語名で呼んでも病気が治るわけではないが、その病気を高尚なものにする効果はある。肝臓の病気（Liver disease）ではなくて「hepatitis 肝炎」。「nephritis 腎炎」は腎臓の不調。「arthritis」（アーサリティス、関節炎）──母はよくアーサーリティ・・・・・・ス・と言っていた──これは、関節（joints）に関係する言葉であり、「joint disease」（関節の病気）と言うよりもわずかに抽象的な印象になる（どちらもなりたくないものだけど）。

　ギリシャ語は身体の部位に魔法をかけて、いかにも重要という印象をつくる。それだけでなく、医者にはギリシャ語を乱用したくなる魔法をかける。ある年の夏、わたしのつま先に緑色の斑点が現れた（長時間裸足のままビーチで過ごしていたのだ）。医者に診てもらったら、「ただの "pigment 色素" ですね」と言われた。診断を下すにあたってその医者がしたことと言えば、色を表す風変わりな言葉を使うことだけだった。「surgery 手術」という言葉が、「手作業」を意味するギリシャ語の「ケイログリア」（χειρ 手 + έργον 作業）に由来していて、刺繍から脳外科手術まで指す言葉だと外科医が承知していたら、あんなに偉そうな態度は取らないはず。

　そして、ずっと変わることのないわたしたちは、遠い祖先が憧れたのと同じ夢を追う。近代ヘリコプターの父と呼ばれ

るイーゴリ・シコルスキーはギリシャ神話に登場するダイダロスの仕事を引き継いだ。ヘリコプターの原型の発明者であるダイダロスは、鳥の羽根と蠟で翼をつくり、息子のイカロスとともにクレタ島からの逃亡を図った。この企てがどんな結末を迎えたかは誰もが知るところだ。イカロスは太陽に近づきすぎて翼の蠟が溶け、現在ではイカリア海と呼ばれている海域に墜落した。「helicopter ヘリコプター」という単語は、「helix らせん」と「pteryx（翼、皮のような指のついた翼をもった前史時代の翼竜、プテロダクティルス〔pterodactylus〕にも入っている）」の合成語だ。くだけた英語では「chopper」（チョッパー）と言うけれど。

　ほかにも、アレクサンダー・グラハム・ベルが特許を取得した「telephone」を考えてみよう。この言葉は、ギリシャ語の「距離 τηλε」と「声 φωνη」を表す語幹からできている。「遠くから届く声」、というわけだ。電話を意味するアイルランド語は「guthán」（グーホーン）で、だいたい「声の箱」と訳せる。これは、「声」を意味するアイルランド語に接尾辞を付けたものだ。英語でも、ときどき電話のことを「horn」（ホーン）と言う。（たとえば、"Get him on the horn!"（彼を電話に出して）のように）。だが、電話の発明者は自分の画期的な発明には新語が必要だと考え、「telephone」が採用された。新しいものを命名するとき、わたしたちはなぜ死んだ言葉に頼るのだろう。英語以外にもさまざまな言語に語源を提供している最古の言葉を借りてきて、その真価を試そうということなのかもしれない。

〰

　古典ギリシャ語の権威ある出典と言えば、1843年に初版が

出た『リデル＆スコット希英語彙集』だ（一部の古典主義者は「リデール」と発音する）。そのはじまりにかんしては真偽が定かではない逸話がいくつか伝わっている。そのひとつでは、出版社はまずロバート・スコットという名の学生に希英語彙集編纂をもち掛けた。するとスコットは、友人のヘンリー・ジョージ・リデルと一緒にするのなら仕事を引き受けてもいいと答えたそうだ。

リデルはいかにもオックスフォードの大学人らしい人物として知られていた。白髪で長身、高貴な雰囲気を漂わせ、英国国教会に聖職者として叙任されており、ヴィクトリア女王の夫、アルバート公の牧師を務めた。彼は妻とのあいだに10人の子をもうけ、そのひとりがのちに「英文学史上もっとも有名な少女」となるアリス・リデルだ。チャールズ・ラトウィッジ・ドジソンは図書館で研究をしている最中に学寮長館の庭で遊ぶアリスとその姉妹の姿を眺めていた。アリス・リデルは、作家ルイス・キャロルとしての彼に着想を与え、やがて『不思議の国のアリス』と『鏡の国のアリス』につながる物語が執筆された。早くからカメラを使っていたドジソンは、アリスに衣装を着せ、さまざまなポーズを取らせて写真に収めた。昨今なら性的不適切行為をした疑いで委員会に呼び出され、事情聴取を受けているところだ。ジョン・ラスキンもアリスにつきまとっていた。もっとも、アリスは文学青年の追っかけたちは歯牙にもかけず、レジナルド・ハーグリーヴズという名のクリケット選手と結婚した。

リデルとスコットは編纂作業を1834年に開始した。基本的にはフランツ・パッソウによる希独語彙集を翻訳していたのだが、そのパッソウは、世紀のはじめにヨハネス・ゴットロープ・シュナイダーが編纂に着手した辞典を下敷きにしていた。

　古典愛好家は、特定の著者の作品で使われている言葉を用例や語釈とともに列記した語彙集(レキシコン)と、辞書(ディクショナリー)は別ものだとみなしている。パッソウはまずホメロスとヘシオドスの著作からはじめて、その後ヘロドトスの著作を参照するようになった。リデルとスコットは、ヘロドトスとトゥキディデスを参照した。リデルの伝記作家によれば、ふたりの仕事の進め方は、「各単語の使用例をもっとも単純で基本的なものから、さまざまな派生語、隠喩的な応用表現まで追った……各段階ができるだけ歴史に即したものになるように、連続する時代の著者の作品からの適切な引用文とともに解説した」。

　途中でスコットは職を得てコーンウォールに引っ越すことになったので語彙集の編纂作業がつづけられなくなった(なにしろEメールのない時代だったから)。いっぽうのリデルはオックスフォード大のクライストチャーチ学寮長に就任した。1842年の7月に、リデルはスコットに宛てた手紙でこんなことを書いている。「わたしが π(パイ) をすべて終わらせたと知ったらきみはきっと喜ぶだろう。あの2本足の怪物は、古代世界を大股で闊歩していたにちがいない。そうでなかったら語彙集のなかにこれほどまで巨大なスペースを取るはずはないのだから」。編纂開始から63年後の1897年にリデルが第8版を出したころには(亡くなる前年だ)、語彙集には劇作家や哲学者が使った言葉も含まれるようになっていた。この語彙集はのちにヘンリー・ステュアート・ジョーンズによって拡充されて、1968年版は補遺も合わせると2,000ページを超えた。

　リデルとスコットの語彙集が登場するまでは、英語話者はラテン語経由でしかギリシャ語を学べなかった。語彙集の序文にリデルとスコットが書いているように、ふたりはこの編纂作業の目的を次のようにとらえていた。「生命力と情熱にあふれ、優美さと甘美さをたっぷりもち合わせ、あふれんば

かりに豊かな、詩と弁論の道具となるこの言語を発展させ、生き永らえさせるため……人間の叡智から生み出されたもっとも気高い作品を記すのに使われたこの言語を——その作品にはかすかに模倣や翻訳めいたところがあるかもしれないが、作品のみならず解釈までも自分で読める者だけが、その作品の完璧な美しさを理解できるのだ」。

◍◍

　言語を言語たらしめ機能させるもののひとつに、あなたを話し相手と結びつける、定義のしがたい、厳密に言えばなくてはならないとは言い難い小さな言葉がある。それはスラングかもしれないし、慣用句（イディオム）かもしれないし、赤ちゃん言葉かもしれない。言語学者はそういう言葉をそっけなく「機能語」と呼ぶ。ギリシャ語文法では、そのような言葉は「小辞」として知られている。小辞はあなたを罠にかける。英語を話すとき、わたしたちはしょっちゅう小辞を使うので、使わずに話してみるとなんだか無力感を覚えるぐらいだ。自分が小辞を使っていると意識しだしたら何も言えなくなる。余分な言葉は冗長であるし、反復ではないかと嘆く人もいる。そういう人たちは、近ごろの若者は面倒くさがってまともにしゃべれず、そういう手合いが言語の美しさや正確さを台無しにしていると嘆く。だが、わたしたちは古（いにしえ）の時代からずっと、そういう小さな言葉を頼りにしてきたのだ。それらの言葉は人間関係を円滑にする手助けをし、言語を豊かにしてきた。

　あるとき道を歩いていたら、若い女性が同行の連れにこう言っているのが耳に入った。「でそれからさあ、わたし先週はほんとにうれしかったっていうか？ And then I like flipped out last week actually?」余分な言葉が入っているうえ、語尾は疑問の上がり調子。彼女はいったい何を言わんとしているのか。この文を要約すると、「先週はうれしかった I flipped out last week.」になるだろう。接続詞の「で and」、副詞の「それから then」、神出鬼没で多用途の「ていうか like」、強意語の「ほんとに actually」が組み合わさることで発言がなめらかになり、より大きなストーリーのなかに位置づけられ、わかってよねと聞く者に訴える。文末に疑問符がついてイントネーションが上がり調子になることで小気味よさが増すが、これは「だよね？ you know?」でも言い換え可能で、この女性の発言がまだ終わっていないこと、彼女が大よろこびした結果、何かあったらしいとにおわせる。

　話し言葉のなかにしょっちゅう現れる、小辞と呼ばれるこのような言葉や表現が英語には豊富にある。「like みたいな」、「totally まったく」、「so それで」、「you know ですよね」、「OK オーケー」、「really 本当に」、「actually じつは」、「honestly 正直なところ」、「literally 文字どおり」、「in fact それどころか」、「at least 少なくとも」、「I mean つまり」、「quite かなり」、「ofcourse もちろん」、「after all 結局は」、「hey ねえ」、「fuck クソ」、「sure enough 案の定」……わかっていただけるだろうか。これらの言葉はただ口をついて出てくるのだ。それに、こういう言葉を使うのは若者だけではない。小辞のなかには、文副詞〔文全体を修飾する副詞〕として機能するものもある。「hopefully 願わくは」、「surely たしかに」、「certainly そのとおり」などだ。このうちのいくつかは話者の態度表明でもあって（「and furthermore …」〔そしてさらに〕）、ふりかざす握りこぶしが登場したりする。このような言葉のおかげで会話は進んでいく。内容は空っぽでも、これらは言語の魂（ソウル）と言えるのだ。

　小辞は相手に迎合してやりとりをするためにも利用され

る。あるとき、プールの更衣室でわたしは気がつくとこんな
ことを言っていた。「ここ、お湯出ないっていうか？ Is there
like no hot water?」話し相手が同世代や年上だったら、「お湯
は出ないのかしらね Isn't there any hot water?」と言っていた
だろう。だが、そのときわたしがしゃべりかけていたのは若
い人だったのだ。言葉を意図的に操り、選択したわけではな
い。無意識のうちにその場に溶け込もうと努力していたのだ
（公営プールではなかなか難しい）。こんな風に、誰かと話してい
るときに「それで、まあ、すっかりおったまげたって言うか
So, you know, I was like totally blown away.」と口にするかも
しれない。でも書き言葉ではぐっと抑えて「関心しました I
was impressed.」とするだろう。

　書き言葉にも特有の埋め草がある。たとえば、「as it were
いわば」、「as one does 人がするように」、「be that as it may 仮
にそうだとしても」、「without further ado 詳述は他所に譲る
が」などだ。一部の表現はほかよりもフォーマルで堅苦しい
印象を与える。『前にも出てきた　常套句の使用と乱用につ
いてのガイド』という本で著者のオーリン・ハーグレイヴス
は、執筆者（とりわけジャーナリスト）が、このような語句
（常套句というよりも慣用表現と言ったほうが適切かもしれないが、と
にかく定番の言葉）を使用する頻度について調べている。わた
しは校正者だから、そういう表現を根こそぎにしたくなる衝
動によく駆られる。正直に言って、つなぎ文句として働く言
葉は乱発されがちだ。

　人の口調は小辞の使い方で特徴づけられる。それが、風変
わりな言葉の癖をもち、自己表現をしなければと駆り立てら
れている詩人や作家だったらなおさらだ。ある詩人の友人は
よく「それでそれでそれで and and and」と口ごもるので、
しばらく話していると「はっきり言ってよ！」とわめきたく

なる。また、別の友人は、「didn't I just じゃないかな」構文
がお気に入りで、「もしかして携帯電話を公園のベンチに置
いてきたんじゃないかな Didn't I just leave my phone on the
park bench.」と言ったりする。これにはかすかに自己卑下の
響きがあって、自分はダメ人間なのだと吹聴しているような
雰囲気がある。話している最中に、こちらに向かって首を上
下に振ったり、わざとらしく眉毛を動かしたりして同意をと
りつけようともくろむ輩もいる（抵抗してやる！）。「ヤダヤダ
ヤダ Yada yada yada」〔かくかくしかじかという意味〕というのは、
件の詩人の「それでそれでそれで」の別バージョン。ある友
人はこれを「ヤダヤダヤダ」という風に言う。こういう話し
方の癖には憎めないものもある。そういえば、作家のウィリ
アム・F・バックリー・ジュニアは議論の場で口ごもり、舌
をちろっと出していたし、デイヴィッド・フォスター・ウォ
レスがエッセイのなかで繰り返し使った「そしてだけどそれ
で And but so」という表現には素晴らしい効果があり、彼の
トレードマークになっていたではないか。

　それから、「OK」なしでわたしたちは到底やっていけな
い。「オーケー」は起点となる（オーケー、それじゃいまからオー
ケーについて書くから）。聞き手から反応を引き出す（いまから
オーケーについて話すけど、オーケー？）。議論がまとめの段階に入
ったことを宣言する（それでは、わたしの言わなければならないこ
とは以上です、オーケー？）。オーケーはくだけた会話に欠かせ
ないものになったので、テキストメッセージを送るときに
「K」と一文字で書いたり、オーストラリア風に「カイ？」と
言ったりして遊びの余地がある。

　このように英語には、ときにチャーミングで、しばしば説
明不可能な言い回しがごまんとあるのだが、何を隠そう古典
ギリシャ語も同じなのだ。ソクラテスの温かい人間味が伝わ

るのは、プラトンが文章のなかで使った小辞のおかげ。ソクラテスの発言だとされる言葉のなかに出てくる小辞が人間らしさを与えている。小辞がなかったら、まるで自動音声がしゃべっているみたいな文章になっていただろう。プラトンの『ソクラテスの弁明』を読んでいて、それらのおかげでソクラテスの演説が生き生きとしたものになっているのに気づいてわたしは驚いた——そうした小辞は注意を引いたり、ウィンクしたり、顔の表情をつくったりといった働きをする。親し気な「そうではありませんか」という、古代の賢人の気取らない発言を読んだら、聴衆に話しかけるソクラテスの姿が心に浮かぶ。ハーヴァード大学のハーバート・ウィアー・スマイスは、1920年に出した『ギリシャ語文法』で小辞の解説に40ページを割いている。別の学者、J・D・デニストンは、1934年に『ギリシャ語の小辞』という、まるごと小辞をテーマにした600ページの本を出している。スマイス（Smyth）（この名前は "writhe 苦悶" と韻を踏む）によると、小辞は「個別の単語を使用する翻訳にはそぐわない場合が多い。ギリシャ語原典が軽妙で繊細なのにたいして、英語だとしばしば強調されすぎて、ぎこちなくなる」ということだ。

　ギリシャ語学習者が最初に習う小辞のなかには対になっているものがある—— μέν と δέ だ。これは昔から、「いっぽうでは……他方では……」と訳されてきた。英語でこのように表現されると、いっぽうでは、ありきたりですぐに予測がつくので、つまらないとわたしはいつも思う。他方では、その修辞的技巧としての役割は否定できない。『ニューヨーカー』では、「いっぽうでは」という言葉が先に書かれていない場合は、「他方では」は使えないことになっていて、そういう例を見つけたらわれわれ校正者は指摘する。ところが、ギリシャ人はそこまで厳密ではない。人びとは μέν と δέ のペア

と恋に落ち、そのような頻繁に使われる表現がギリシャ語の性質について何かを示しているという状況にうっとりする。まるで、対照法の概念が言語にあらかじめ織り込まれているかのように。

　現在でもギリシャ語で使われる、いちばんシンプルな小辞はκαίだ。これは、「〜と」を意味する接続詞であり、「〜でさえ、ほかにも、〜も」という意味の副詞でもある。ギリシャ人が一連のものを羅列するとき、項目のあいだにいちいちκαίを入れるのだが、この繰り返されるκαίにカンマ以上の重要性はない。ギリシャ人はシリアルカンマ〔3つ以上の項目を列挙するとき、最後の項目に付く接続詞の直前に打たれるカンマ〕を気にしなくてもいいのだ。Καὶ ἐγώ は、控えめな異議申し立てを伝える表現で、「個人的には」と翻訳される。くだけた感じにするのなら、わたしたちはこれに「IMHO」〔in my humble opinion の略語で「言わせていただくと」の意〕という表現を当てたくなるかもしれない。καίはほかにも「祈る」と訳されることもある。これは、「Pray, you try to explain particles. 小辞を説明するように祈りなさい」のように、あとにつづく言葉を強調する。ほかの小辞と一緒に使われることで、καί は「なかなか出しづらい強調の意味になることが多い」とスマイスは書いている。Τί καί（文字どおりには「何、そして」）は丁寧な言い回しとしては「いったい何が？」という意味だが、それが辛辣さを増すと「クソどうしたって言うんだ」（What the fuck?）という意味にもなる。

　だからクソどうしたって言うんだ（WTF）、ソクラテスさんよ。

　残念なことに、スマイスも指摘するように、これらの翻訳不可能な動詞屈折はしばしば、古風な雰囲気を出すために、ひとまず無理矢理翻訳されることが多い。シェイクスピアだ

ったら、「forsooth いかにも」だとか「methinks 吾輩の考えで
は」という表現を登場人物に使わせても許されるが、ソクラ
テスはエリザベス朝時代の人物ではない。イエス・キリスト
は「よくよく言っておく」と言っているが、ソクラテスは新
約聖書に出てくる人物でもない。「はいはい、わかりました
よ Alright already」が口ぐせのユダヤ人のおばあちゃんのよ
うな、実在した人物なのだ。

　それでは、どうすればいいのだろう？　いっぽうで堅苦し
く翻訳したら、ソクラテスについて行こうという者は誰もい
なくなる。他方では、くだけた表現を使えば軽薄な印象を与
えかねない。ロッセリーニは映画《ソクラテス》のなかで、
ソクラテスが弟子たちに別れを告げるときに「ア・プレス
ト」（それではまた）と言わせている。スマイスは著書のなかで
μέν δή の用例をひとつ挙げているが、これは δέ とは少しち
がった表現で、「もういいかげんにしろ」（So much for that）と
翻訳されている。翻訳家のロバート・フィッツジェラルド
は、妻ペネロペに言い寄る男たちをオデュッセウスが始末す
る際に、この慣用表現を言わせている。これを読んだわたし
は思わず笑ってしまった。でもたしかに、何かを終わらせる
とき、ギリシャ人たちは互いにこういうことを言い合ってそ
うではないか。

　校正者として、常套句や繰り返し、それから長ったらしい
言い回しを指摘するのが習い性になっているので（いまでも執
筆者に1文字いくらで報酬が支払われる場合がある）、英語の文章内
の埋め草には警戒しているし、目の敵にしていることも多
い。それでも、そういう埋め草にも目的があることは知って
いる。もしわたしがプラトンの文章の校正を担当したら、ソ
クラテスの本質を伝える表現すべてに手を入れてしまうのだ
ろうか？　ギリシャ語には、英語のなにしもまして繊細なと

ころがある。なかでも小辞は、会話だけではなく本格的な散文や韻文のなかでも結合組織の働きをする。たとえば、アレクサンドリアの図書館員たちは、ペンのひと振りで、「いま、現状では、目下のところ」という意味になる、曲アクセントを持つ νῦν という小辞と、推論上の「いま」を意味する νυν を振りわけて、スマイスが巧みに説明するように、「話者の考えと、その人物が置かれた状況との関連性」を際立たせた。ところで、『ニューヨーカー』には「now」という言葉の意味を使いわける独特な方法がある。「いまこの瞬間に」という意味の、時を表す「now」（たとえば、旧時代のタイピストたちが、タイプライターのテストのために使っていた文章、"Now is the time for all good men to come to the aid of the party."「いまこそすべての善き人びとはその党を支持すべきだ」にあるような）は単独で使うが、文体を整える修飾語としての「now」の場合（"Now, you're not going to like this"「さて、きみは気に入らないだろうが」）、わたしたちはカンマを付けて「, now」と区切る。このように句読点をつけてヒントにするのは、読者の読みやすさを考えてのことだ。

　このような微妙な効果をもつ小辞として、スマイスはほかに、「翻訳不可能な τέ」と彼が呼ぶものを紹介している。これは接続語（「and」のような接続詞だ）で節を導き、「その節が、なんらかのかたちで前の節と関係があるということを示す効果がある」。なんてこと、それではセミコロンの働きと同じではないか！　古典ギリシャ語に句読点があまりないのはこれが原因かもしれない——句読点は必要ないのだ。言語のなかにもとから組み込まれているから。

◎◎

古典学者たちにしてみれば、古典ギリシャ語が死んでいる
なんてとんでもない。それは生き生きとしていて解釈に広く
開かれ、あれこれ考えていると思わずわれを忘れてしまう対
象なのだ。ホメロスについて、わたしが大好きな点のひとつ
は古典学者のあいだで終わりのない議論の種になっている、
形容辞の使われ方。5000年の時を経てアルプス山中で発見さ
れたミイラのように歴史の時空のなかで凍ったままの詩の技
巧である、ホメロスならではの形容辞が現在でもさかんに論
じられているという事実は、古典ギリシャ語に命が通ってい
て健在だという証ではないだろうか。形容辞のひとつひとつ
が再解釈され続け、インスピレーションを与え、斬新な翻訳
が生まれる。そんな風に発展し続けるものを死んでいるなん
て、いったいどんな言い草なのか。

　現代ギリシャ語で「エピテト」は単に「形容詞」という意味
なのだが、ホメロスの形容辞はもっと豊かだ。シンプルな形
式の形容辞は登場人物を特徴づけ、個性を与える働きをす
る。たとえば、わたしは母について、「おしゃべりなわが母」
だとか「口から生まれた母」と言うだろう。小説家として野
心をおもちならホメロスのアドバイスに耳を貸すといいかも
しれない。まず、際立った特徴や仕草を登場人物に与える。
それから読者の印象に残すために、ところどころでそれを強
化する。「性悪なクロノス」という表現に出会ったら、この神
の残忍な性格は頭から離れなくなる。

『イリアス』では、脇役に至るまであらゆる登場人物が個性
をもっていて、とくに死に際にはっきりと現れる。主要登場
人物に使われる形容辞によって、その人物の、しばしばドキ
ドキするほどつかみどころのない人柄が思い出されるのだ
が、そのような人柄はしばしばドラマを動かす触媒となる。
たとえば、アキレスはまごうかたなき「俊足」だ。それが頭

にあると、彼がトロイ城壁でヘクトルを追いかける場面の恐怖はいや増す。「ポリュトトロポス」というのは、オデュッセウスに用いられる場合がもっとも多い形容辞で、「多数」を意味する言葉と「変化」を意味する言葉が入っており、「たくみな」「機略にすぐれた」、から「狡猾な」「謀略に長けた」まで、ありとあらゆる訳語が当てられている。この形容辞は翻訳家へのヒントにはなっても、言葉じたいにつかみがたいところがあるので、その結果オデュッセウスはとらえどころのない登場人物になりがちだ。だが、それが彼の冒険を彩り、この英雄はもしかしたらいけすかない人物なのかもしれないとほのめかす。

　とはいえ、はっきりとした形容辞ばかりではない。ホメロスについて研究した古典学者のミルマン・パリーは、1930年代にユーゴスラビアの口承詩の研究をおこなった。彼は1928年に博士論文を執筆していた際にある大胆な結論に達した。韻律の長さがさまざまな形容辞は、口承詩人がその行を引き伸ばしたり、次に何を言うか思い出したりするための時間稼ぎに使われたのだと主張したのだ。つまり、ホメロスは即興で歌っていた、と。叙事詩は口承伝統であるがゆえに反復に頼っていた。吟遊詩人や聴衆は文字が読めなかった。反復するのはよくないとは、彼らは微塵も考えなかった。

　現代文化は書き言葉が中心になっている。わたしたちはありとあらゆるものを記録に残す。そして、変化を好む。反復は退屈だ。では、このようなホメロスの小細工に使い途はあるのだろうか？　ホメロスの翻訳者たちは、各自の方向性にもよるが、おおむね原典に忠実だ。ホメロスが形容辞を使っていれば必ず翻訳しているのがリッチモンド・ラティモア、よく考えたうえで配置しているのがロバート・フィッツジェラルド、現代読者のために変化をもたせているのがエミリ

ー・ウィルソン、解体したのがクリストファー・ローグ、そして、スティーヴン・ミッチェルは形容辞を省略。

　反復にも使い途はある。書き言葉の発明以前は何かを覚えておきたかったら反復に頼るしかなかった。『オデュッセイア』ではキュクロプスの牡羊と牝羊は丸々と太って毛が厚いと繰り返し言及されていて、キュクロプスが夜になると羊たちを集めて、決まりきった手順で牝羊の乳を搾る日課の描写は少々退屈に思えてくる。オーケー、ホメロス、よくわかったから——ポリュペモスに欠点はあっても、動物には優しく接するし、チーズを作る手順に非の打ちどころはない。ところがその後、キュクロプスが羊たちを屋内に入れておくことが重要な鍵を握るのだと判明する。オデュッセウスはその羊たちを逃亡に利用するのだ。羊たちが丸々と肥えて毛が厚くなくてはならなかったのは、3匹ずつ結び合わせて、オデュッセウスの部下たちをその腹部にくくりつけるためだった（そしていちばん立派な牡羊はオデュッセウス専用とされた）。夜が明けると、目が見えなくなったキュクロプスは、羊たちを外に出してやるときに手でなでるが、その下に逃亡者が隠れていることには気づかない。反復とはサスペンスを盛り上げるテーマ音楽のようなものだ。

　「灰色の目をしたアテナ Gray-eyed Athena」〔日本語訳では「眼光輝くアテナ」などと訳されている〕はホメロスの形容辞のなかでもいちばん有名であり、わたしがそもそもアテナに惹きつけられたのはこの形容辞のおかげだ。わたしは母親譲りの灰色の目をしている（おしゃべりの才能までは譲られていない）。だから、アテナとおそろいのものがあるのはうれしかった。ホメロスは誰彼かまわず目の描写をするわけではない。ヘラは「牡牛のような目」とされている。これは、濃い茶色でうるんでいる、間隔の離れた目を表し、この女神の強さと頑固さ

を伝えているのだろう。アテナの目がそれほど重要であるの
なら、「灰色の目をした」という形容辞はアテナという登場人
物について言外の意味をほのめかしているはずだ。

　ホメロスがアテナの形容辞に使った言葉は「グラウコピス
glaukópis」（γλαυκῶπις）だ。「optic 目の」でおなじみで、「Cy-
clops キュクロプス」にも入っている「オプ op」と、「グラウ
コス glaukos」という、その幅広い意味のひとつが伝統的に
「灰色の」である、ふたつの言葉から成っている。ホメロス
はこの「グラウコス」を海の描写にも使っている──わたし
はそこから灰色がかった緑色を思い浮かべる。だが、
「葡萄酒色の」と同じように、「グラウコピス」もまた色その
ものではなくて質感を表しているのかも。この場合は海の深
みではなく、きらめく海面のことだろう。このグラウコピス
には伝統的に「灰色の目をした gray-eyed」という訳語が当て
られていて、ラティモアとフィッツジェラルドの訳ではそう
なっている。アメリカ式の「gray」とイギリス式の「grey」と
いう綴りのちがいには差はないとされているが、じつはあ
る。ある校正者は『ニューヨーカー』の様式にのっとって、
ある詩のなかの「grey」を「gray」に変えることを拒んだ。両
者にはちがいがあるというのが彼の言い分だった（彼もまた詩
人だった）。「grey」に入っている「ey」は、「eye」（目）を連想さ
せ、この言葉にさらなる輝きを与えるのかもしれない。ロー
ブ古典叢書のもともとの翻訳では「flashing-eyed Athena 眼光
輝くアテナ」になっているのだが、脚注で「灰色の目の grey-
eyed」という翻訳があることが紹介され、「これが色を意味す
るのなら、おそらく青色のことであろう」と言い添えられて
いる。

　ギリシャ人と言えば、ラテン系のように褐色の肌と黒い目
の持ち主ではないかと思われがちだが、古代ギリシャ人の祖

先の一部は北方出身で、現在でも地中海沿岸では、内側から輝かんばかりの、驚くほど淡い青色の目をした人に出会うことも多い。灰色と同じように、青にもまちがいなく数多くの色調がある——コーンフラワー、サファイア、ロイヤル、ネイビー、アクアマリン、コバルト、セルリアン、インディゴ、ウェッジウッド、パウダー、メタリック、サンドル。デルフト・ブルー、州間ハイウェイ沿いの野原に咲くチコリの花の青、天国を思わせる朝顔の青、ヒヤシンスとアジサイの青、コマドリの卵の青、ルリオーストラリアムシクイのうっとりするような青。アリス・ブルー、水泳プールの青、ガスバーナーの炎の青、ブルーベリーのくすんだ青。それに、忘れな草の青も忘れてはいけない。窓ふき洗剤のウィンデックスの青、マージ・シンプソン〔TVアニメ《ザ・シンプソンズ》の登場人物〕の髪の毛の、とびきりの青。忘れがたい、わたしの父の瞳の青、ヴェニスの高潮(アクア・アルタ)の朝に、うるんでいた弟の瞳の、まごうかたなき青。兄の透き通った青い目の内側は灰色がかっている。わたしも青い目をしているとたまに言われるのだが、ちがう。母親譲りのわたしの目は灰色で、瞳の内側に黄色の輪があり、これは光の当たり具合によって緑色に変わる。怒っているときや、泣きはらしているときは目の周りが赤くなり、瞳は緑色に近づく。わたしはよろこんで、アテナの形容辞に格上げされよう。運転免許証の書類には瞳の色にかんして「グラウコス」という選択肢はないけれど。

　翻訳家はいろいろと手を尽くしてアテナの目に彼女の人となりを重ねようと試行錯誤している。女性としてはじめて『イリアス』全篇を訳したキャロライン・アレクサンダーは、はじめはラティモアと同じ意見で、アテナの形容辞を「灰色の目の」としていた。ところが、さらに詳しく調べて、のちにそれを「眼光輝く」に変えている。リデル＆スコ

100

ットを調べ上げたアレクサンダーがわたしに話してくれたところでは、ホメロスが形容詞グラウコピスと関連する動詞をライオンの目の描写に使っている用例を発見したという。目は輝くことはあっても灰色にはならない（灰色になるのは髪の毛だけ）。それに、ネコ科の大型動物であるライオンの目の色は緑か黄褐色だ。そこから連想するアテナの目の色は「水に濡れた石の色」ではないかとアレクサンダーは考えた。

　古典学者ローラ・スラットキンは、『ホメロス百科事典』の一項目で「銀色に輝く」という表現を提案している。ロバート・フェイグルスは「輝ける瞳の女神」という情熱が伝わる表現にしている。時代がかった言い回しの達人、クリストファー・ローグは実験的な試みをしていて、錬金術っぽい「青酸のまなざし」だとか、マットな質感の「灰の目」だとか、おそらくフクロウの目について言っている、「環形照準器の目」という表現を使っている。ローマ時代初期に、各地を旅して記録に残したパウサニアスは（西暦2世紀半ばのことで、彼はしばしば古代ギリシャのベデカー〔19世紀からドイツで発行されている旅行案内書〕と呼ばれる）、ピーター・レヴィの翻訳によると、ヘパイストス神殿近くで女神アテナのイメージを「灰色がかった緑色の目をした」としている。ある神話でアテナはポセイドンの娘とされているので、海を思わせる目の色をしているというわけだ。レヴィは注で「フクロウの目」との関連について触れ（グラウコスという言葉はフクロウを意味する古代ギリシャ語グラウクス「glaux」と似ている）、アテナは暗闇でも目が見えたのではないかとしている。女神アテナはいつだって警戒を怠らないのだ。

　リデル＆スコットのさまざまな版が γλαυκός について複数の語釈をつけている。質感についての語釈があれば、色についての語釈もある。小リデル（縮約版はこう呼ばれている）の

語釈は「光る、きらめく、明るく輝く」で始まり、さらに「淡い緑色、青みがかった緑、灰色」とつづく。リデル＆スコットには、その言葉が色を指しているときは「薄青色か灰色」だとはっきり書いてある。そこに加えて、ラテン語の「グラウクス glaucus」には「オリーブの、柳の、つる植物の」という意味があるとされている（オリーブグリーンとは、赤いパプリカを詰めた前菜になる実のほうではなく、銀色に輝くオリーブの葉の色を指しているのかもしれない）。ローマ神話でアテナに相当するミネルヴァは「眼光輝く」と翻訳されている。だが、リデル＆スコットのラテン語版、ルイス＆ショートは、「グラウクス」に「明るい、輝く、きらめく、灰色がかった」という語釈をつけている。ということは、ギリシャ語がラテン語のふるいにかけられたときにはすでに灰色の目のアテナのイメージが存在したのだ。

　わたしのギリシャ語の先生のフリサンティに、現代ギリシャ語では γλαυκός はどんな意味になるのか聞いてみたら、あまり間を置かずに「淡い青色」だと答えた。現代ギリシャ語の辞書で青（ガラジオス）を引けば、海の緑色や空色まで幅広い意味がある。ウェブスター辞典は「空色 azure」を「快晴の空の青色」としている。青色を話題にすると、空から離れているのは難しい。ギリシャ語の「ガラクシアス」には「乳の川」という意味がある。これは、牛乳の青みから夜空に浮かぶ筋状の流れまでを指す言葉なのだ。

　アメリカ語の大辞典、『ウェブスター辞書完全版第2版』によれば、「glauco-」が「銀色の」、「灰色の」という意味の連結形だという（たとえばオリーブの葉っぱの色を表しているのだろうか）。「グラウコーマ glaucoma」〔緑内障〕という言葉は、薄い灰色、青みがかった灰色を表すこのギリシャ語とかかわりがある（つまり、目が曇るということか）。鉱石の「グラウコナイト

glauconite」〔海緑石〕については、ギリシャ語の語源が「青み
がかった緑」か「灰色」だという語釈がついている。グラウ
コスは「緑がかった青の色調」だとか「黄色がかった緑」を指
す。ウェブスター辞書完全版のオンライン辞書ではさらに詳
しく述べられている。グラウコスという言葉が表す色は、淡
い黄色、緑、薄い青みがかった灰色、青みがかった白色だと
されている。ラテン語の「グラウクス glaucus」とギリシャ語
の「グラウコス」は、純粋な、透明なという意味のある古英
語とも関係するかもしれない。ということは、「グラウコピ
ス」から連想される色は、その人の着ているものや気分によ
って目の色が変わってくるように、状況に応じて色調を変
え、ここまで発展してきたのだ。ウェブスター辞書完全版の
オンライン辞書ではさらに、「glaucous blue」、「glaucous
gray」、「glaucous green」について独立した項目を設けてそれ
ぞれに詳しい語釈をつけている。

　ホメロスが言わんとしたのは女神アテナの目の美しさだっ
た、ということはまちがいない——詩人であれば、ブラック
ベリー・パイに2本の親指を突き立てて開けた穴のようだとい
う表現が女神の目の描写にふさわしいとは考えないはず。ア
テナの目は知性をたたえている。決意をうかがわせ、表現豊
かで、ときに共謀して何かを企んでいる。エミリー・ウィル
ソンは『オデュッセイア』翻訳にあたり、アテナを描写する類
語表現を次々と繰り出した。彼女はアテナに「燦然と輝く
目」、「燃えるような目」、「光輝く目」、「閃光を放つ目」、「きらめ
く目」を与えた。女神は「澄んだ目」、「フクロウの目」、「輝く
目」、「鋭い目」の持ち主だ。アテナの目は「燃え」、「鋼のよう」
である。ある箇所でウィルソンはアテナにウィンクすらさせ
ている。アテナはそのまなざしを人間に向ける。見るという
行為を通して人間と対等な存在になる。暁のバラ色の指や、

葡萄酒色の海と同じように、灰色の目をした女神という呼称は女神の目のようすではなく、彼女が見つめる相手に与える影響のことを言っているのかもしれない。女神の目がどんな色であれ（淡い緑と青みがかった緑色が混ざる灰色ではないかとわたしは踏んでいる）、人を惹きつけてやまないのだ。

　ここまであれこれと、灰色と青と緑と黄色と銀色の色味について、空や海のようすなどのさまざまな特質も踏まえて考えきた。これがたったひとつの、人間のしあわせを心から願う女神を表現する、古典ギリシャ語の複合形容詞、γλαυκῶπις からはじまっているという事実こそ、言葉の生命力、順応力、力強さ、回復力の証だとわたしには思える。すぐれた言葉は死なない。成長し続けるのだ。

第4章

愛しのデメテル
[Demeter Dearest]

　1970年に大学進学でクリーブランドを離れたとき、わたしは封をされた牛乳瓶だった。世間の荒波から守られ、新鮮そのもの。どこの出身かと人に聞かれたら中西部だと答えた。さらに突っ込んで聞かれたらオハイオだと言った。それでも相手がまだ納得しない場合はクリーブランドだと白状した。それも西側の、動物園の近く。クリーブランドはまったくジョークみたいな街だ——なにしろ川で火災が発生するのだから〔クリーブランドを河口とするカヤホガ川では、19世紀後半以降廃油流出などが原因の火災が何度か発生している〕。地元のDJたちは「全米きってのロケーション」だともてはやす。われわれ住民に言わせれば、「湖上のあやまち」だ。

　わたしはカトリックの女子高に通っていた。18歳になるころには、西はデトロイト、南はコロンバス、東はナイアガラの滝までなら行ったことがあった。その湖、エリー湖は北にあった。わたしはスイスの寄宿学校に入って、フランス語、ドイツ語、イタリア語を操れるようになったらと夢見ていた。ラドクリフ、スミス、ウェルズリー〔いずれも米東部の名門女子大〕はおとぎ話の世界だった。父には、わたしをオハイオ州内の州立大学に進学させる経済的余裕ならあった。しかも

父はわたしをオハイオに留めておきたがった。わたしはわたしで、ここから出ていくと心に決めていた。

　高校の最上級生だったとき、大学について調べていた友人が教えてくれた。「ラトガース大学に行ったらいいんじゃない？　酪農学が有名なんだって」。わたしは牛にはこだわりをもっていた。穏やかで、母親のような優しさをたたえたその生き物に誘われ、田園生活に憧憬を抱くようになり、やがて酪農にまつわるあらゆるもの──納屋、サイロ、牛乳、チーズ、牛を描いた絵──が好きになった。そして、クリーブランドで牛乳運搬トラックを運転するまでになった。これは、経験したなかでもとびきりの仕事だった（ヴァーモント州の工場でモッツァレラ・チーズを包装する仕事は最悪の仕事で、『ニューヨーカー』の校正係はいちばん長続きした仕事）。10代のころのわたしの夢は、できればヴァーモントあたりの緑あふれる素朴な雰囲気の牧場で、牝牛3頭と牡牛1頭とともに暮らすことだった。もともとは、そんな夢を追ってはるばる「ガーデン・ステート」〔ニュージャージー州の愛称〕を目指したのだった。

　ラトガース大学というと、アイビー・リーグの名門私立大学っぽい響きがあるが、れっきとしたニュージャージー州立大学だ。しかも一学期あたりの授業料はオハイオ州立大学よりもわずかに200ドル高いだけだったので、それぐらいなら放課後にアルバイトをすれば自力で稼げる（アンクル・ビルズというディスカウント店の衣料部門で値札付け係として働いた）。そんなわけで、ラトガース大学の女子部であるダグラス・カレッジに出願した。

　父は折れてくれた。そして、1970年の秋に、父とわたしはペンシルベニア・ターンパイクを西へ向かった。ペンシルベニア州東部のノリスタウンまで来ると、キング・オブ・プルシアという町で1泊した──そういう地名にわたしは胸をと

きめかせた。そして翌朝、今度はニュージャージー・ターンパイクに乗りニューブランズウィックを目指した。寮まで送り届けると、父はわたしの両肩をぎゅっとつかんでさっとキスをして、「長ったらしい別れのあいさつは好きじゃないから」と言った。涙がこぼれ落ちないように頭をのけぞらせていた。わたしだって悲しかった。でも、これはわたしの転機なのだ。自らこういう展開を引き寄せたのであって後悔は一切ない。

　ジョージ・ストリートには「デイヴの食料品店」（食品を売る店の名前としては何のひねりもない）と、いまにも倒れそうな家が建っていて、ポーチに紫色の花が咲いていた。ライラックの花の色をしているが、ライラックは春にしか咲かないはず。なんと魅力的な、異国情緒にあふれた土地にやって来たんだろう。その紫色の花は藤だとあとでわかった。藤は刈り込めば花を咲かせ続ける。その後、わたしはイタリアのカプリ島やギリシャのケルキラ島で藤の花のにおいをかぎ、マーサズ・ヴィンヤード島ではそれを食べ、ロッカウェイの自宅にひと株植えたのだが、いまや小さな家が呑み込まれる勢いだ。

　ところで、オハイオからの逃避行のオチは、ダグラス・カレッジの地元出身学生の多くにわたしとは逆方向に向かった友人がいたということだった――「オハイオにはいい大学がたくさんあるのに」と彼女たちはのたもうた。オバーリン、ハイラム、ケース・ウェスタン・リザーブやなんか。「なんでこっちに来たの？」

　その理由のひとつは、ニュージャージーには海があるということ。わたしはそれまでいちども海を目にしたことはなかった。だが、海以外はニュージャージーについてよく知らなかった。州都はアトランティック・シティだと思い込んでい

たほどだ。海を見たことがないと言ったら新しくできた友人がびっくりして、車を借りてアズベリー・パークに連れていってくれた。板張りの遊歩道を歩き、海が東にあると直感的にわかったときの興奮をわたしはいまでも思い出せる。クリーブランドでは水辺はいつも北にあった。アメリカ大陸にたいするわたしの方向感覚は刷新されたのだ！

　ダグラス・カレッジで最初に受けた英語の授業は自伝がテーマになっていて、まずシルヴィア・プラスの詩集『巨像』と『エアリアル』を読んだ。彼女が自殺しただなんて腹立たしかった。大学に入っていきなり人生の醜悪さや絶望を見せつけられた気分だった。彼女は詩集を出版した詩人であり、スミス大学に学び、ハンサムなイギリスの詩人と結婚してふたりの子どもにも恵まれた――すべてを手に入れていたのに。でも、子どものころの父親の死からはついに立ち直れなかったようだし、彼女の詩を読んでいるとわたしも希死念慮を抱かなければならないような気になった。当時のわたしに大きな影響を与えたもう1冊は、メアリー・マッカーシーの『私のカトリック少女時代』だ。宇宙の創造には誰か――あるいは何か――が存在しなければならない、ゆえに神は存在するはずだという考えに反発した著者の少女時代の経験が綴られている。それならば、宇宙はもとから存在したのだと考えるほうが楽ではないか、と（この手の異端にはおそらく呼び名があるはず）。メアリー・マッカーシーの手記の内容の一部にわたしは驚愕した。そうか、ということは、彼女は神を信じていなかったんだ――それで神を侮辱せざるをえなかったんだろうか。わたしなら態度を曖昧にしておくのに。授業でそう発表したところ、自分は無神論者だと先生が言いだしたからわたしは震えあがった。そのときはもう、その男の先生に好意を抱いていた。わたしはカトリックなのに――どうした

ら無神論者を好きになれる？

　寮への帰り道で気づくと祈っていた。わたしにとって祈りとは、頭がいかれたと感じることなく自分に話しかける方法であり習慣だった。「神様、あなたを信じる気持ちをわたしから奪わないでください」。次の授業の前に、はっとひらめいた。ローマ教皇は神の言葉を直接伝えているのだから信仰の問題についてまちがいがあるはずはないという教皇の不謬性は、日本の天皇が自分は太陽神の子孫だと主張するのと同じぐらい荒唐無稽なのでは？　そのとき、わたしの内部で大建築が崩れ落ち、父と子と聖霊がバラバラになった（父がわたしをオハイオに留めておきたかったのは、こういう事態を防ぐためだったのだろうか）。なにはともあれ、自分のことを無神論者だと認めながらも、要理教育（カテキズム）の言葉を使えば、ローマ・カトリック教会は真にたったひとつの、普遍的な使徒教会（カトリック）だとすることができるのだ、とわたしは気づくことになる。

　牛乳瓶は開封された。

　まもなく、天文学、実存主義、神話学などの、エキゾチックな名前の科目をわたしは取るようになった。天文学は脱落（計算が多すぎ）、実存主義はわたしの頭の容量をはるかに超えていた。ところが、神話を扱う「古典文学355」のクラスでわたしは啓示を受けた。それはフローマ・ザイトリン先生が担当する講義形式のクラスで、アイスキュロスの悲劇『オレステイア』やホメロスの『デメテル讃歌』、神話に人類学的視点を用いて構造主義の基礎をつくったクロード・レヴィ＝ストロースや、ルーマニアの宗教歴史学者であるミルチャ・エリアーデ、元型説（アーキタイプ）（「アーチー・タイプ」と発音するのだとわたしは勘違いをしていた）を発展させたスイスの精神科医カール・ユングなどの、そうそうたる著者の文章を読まされた。

　ザイトリン先生は当時まだ研究者としては駆け出しだった

が、すでに一定の支持者を得ていた。先生の素晴らしい講義のおかげで神話は感動的なものになった。彼女は1976年にプリンストン大学に移り、そこで何十年も教えるうちに古典文学へのアプローチが認められて有名になったのだが、わたしは幸運にも2年生の春学期に先生のクラスを取ることができた（後年、「フローマ・ザイトリン先生のもとで学ばれたのですか？」と、ある古典学者がおそれおののきながら聞いてきた）。ザイトリン先生がとりわけ熱心に語ったのは、母なる地球であるガイアの生命と季節のサイクルを表す「大いなる循環」だった。先生はデメテルとペルセポネの神話を脱構築しながら、女神たちにちなんだ儀礼、「エレウシスの秘儀」について詳しく説明してくれた。

　この秘儀の入信者たちは、道沿いに墓がたくさん立ち並ぶ「聖なる道」を通ってアテネからエレウシスまで列になって歩いた。その秘儀が具体的にどんなものだったのかを知る人はいない。だが、死と関係するものだったということはたしかだ。エレウシスは農業の守護神であるデメテル信仰の中心地だった。ギリシャの神々のひとり、デメテルは母なる自然を司る。彼女の娘のペルセポネ（単に「娘」を意味する「コレー」と呼ばれることも多い）は冥界の王ハデスに拉致されて地底へと連れ去られる。野外で花を摘んでいたコレーが、ひときわ美しく咲くスイセンにふと惹きつけられたそのとき、馬車に乗ったハデスが地中から現れて彼女を連れ去ったのだ。彼女はレイプされ、そのまま拉致され、誰もなすすべがなかった。ザイトリン先生は、それがあたかも必然だったかのように語った。「処女はいつだって犠牲になるほどに熟しているのです」。当時わたしは処女だった。そして、共学大の女子学生の多くがそう思っていたように、処女を捨てたいと焦っていた。でも、処女性をそんな風に考えてみたことはなかった。

　娘を失い深い悲しみに沈んだデメテルは穀物の成長に気が回らなくなる。誰も彼女をなだめられなかった。その結果、人間たちも苦しんだ。母なる自然が穀物を実らせず、何も発芽せず、花も咲かなくなったら誰も食べていけない。デメテルの悲しみは飢饉を引き起こした。やがて、人間が死に絶えたら誰にも崇拝してもらえないではないか、とゼウスと他の神々は気づいた（神々は自己中心的なのだ）。それで、いやいや結婚させられた花嫁を母親のもとに返すことをゼウスは認めることになる。だが、そこで一計図られた。コレーが去る前に、ハデスは彼女にザクロの種を食べさせたのだ。この神話を知ってはじめてザクロがどんなものか知った気がするが、とにかくそれはたくさん種が詰まった果物だ——真っ赤な種の詰まった、真っ赤な球状の果物で、卑猥なまでにうじゃうじゃととにかく種だらけ。ザクロの種を口にしたばかりに（「彼女はハデスの種を口に含んだ」）、コレーは冥界に戻ってこなければならなくなった。

　エレウシスの秘儀の背景にはこの神話があるとされている。アテネからエレウシスまで徒歩で向かった人たちは、墓石を通り過ぎながら、母と娘の関係に、必ずやって来る死と約束されている再生に思いをはせた。入信者たちは秘密を固く守り秘儀の内容を他人に漏らさなかった。入信者がエレウシスに到着したら何が起こるんだろう。説教を聞いたり、舞台鑑賞をしたり、目を閉じて誘導瞑想の声に従うとか？　そこでいったい何を学んだの？　わたしだって入信したい！

　この神話は季節の移り変わりを説明しているのです、とザイトリン先生は滔々と語った。穀物は育ち、収穫され、やがて枝枯れする。木々は葉を落とし、冬のあいだは丸裸になるが、春になるとつややかな新芽が出て、わたしたちの希望もよみがえる。本当に春がまた訪れるのか定かではなく当てに

できない、と人びとが考えていた時代があった。正直なところ、毎年四月や五月になっても冬のような寒さがつづくと、わたしだって春は来るのかと疑いたくなる。だから、レイプ、死、冬という陰鬱な筋書きの神話ではあるが、どんな苦しみにも終わりがあるとわかり、ほっとした。

　ザイトリン先生の講義は「大いなる循環」という人類学の概念に行きついた。生命の循環は大地に始まり大地へ戻る。季節が生から死へ、そしてまた生へと巡るように。だからといって死の過程や結婚の過程で苦しまないということではない。生はいずれ死に道を譲り、死はいずれ生に道を譲るという意味なのだ。

　その春の日、わたしはヒックマン・ホールから飛び出して、町の反対側のラトガース大学で実存主義の授業に出るために構内巡回バスに乗ろうとしていた。芝生を突っ切ったとき、湿った芝生に足を滑らせて空中に飛び上がり、お尻からぬかるみに着地した。丘の上に座っていた女性が見ていて、わたしを指さして大きな声で笑った。実存主義の授業に出るのはやめにした（多分、サルトルの『嘔吐』について聞き損ねた）。わたしは濡れたまま大股で寮に戻っていったが、心は陶然としていた。

　牛乳はこぼれた〔「こぼれた牛乳」とは元どおりにならないことを表す慣用表現でもある〕。秘儀との出会いにより封が解かれ、わたしはつぎに何が来るのかわくわくしていた。何か別のもので満たされる準備はできていた。

◎◎

　ザイトリン先生の神話解釈は、わたしが大きくなるまでに吸収してきたどんなものともちがっていた。1950年代にリュ

ケイオンで出会った《ユリシーズ》から、アマゾン族の女王が登場する2017年の大ヒット作《ワンダーウーマン》まで、神話の魅力は時を超える。古典全集（古典学者以外を読者に想定したものでも「古典」と呼んでよければ）には、ブルフィンチによる『神話』や、ロバート・グレーヴスが編集した百科事典的な2巻本の『ギリシャ神話』などがある。後者は神々や英雄たちのさまざまな偉業を数多く紹介しているので、そこに自分の話のひとつも付け足したくなる。この手のもので最新のものは、イギリスの作家で俳優のスティーヴン・フライによる『神話』という全集だ。フライによると、神話が好きになったきっかけは子どものころに手にした『古代ギリシャの物語』という本だったそうだ。アメリカの作家リック・リオーダンによる、人気のパーシー・ジャクソン・シリーズでは、主人公の12歳の少年が、ギリシャ神話に想を得たファンタジーの世界で冒険の旅に出る。このような著作のなかで、おそらくアメリカでいちばん流通しているのはエディス・ハミルトンの作品だろう。彼女の『ギリシャ流』、『ローマ流』、『神話』は20世紀半ばのアメリカで絶大なる人気を博し、彼女は何世代もの人びとのギリシャ世界の解説者となった。

　ところがわたしは長年、ハミルトンは時代遅れであり、古代をテーマに執筆する作家にとってそれは欠点ではないかと思っていた。あまつさえ、《オズの魔法使い》で西の悪い魔女を演じた女優のマーガレット・ハミルトンと混同していた。どちらの女性も一時期ニューヨークのグラマシー・パーク界隈に住んでいたし、文化に貢献したとして愛され、尊敬を集めていた。マーガレット・ハミルトンは、ほっそりとした顔に小さなあご、そして黒い眉毛で有名で（映画になるとそこに緑色の顔が加わる）、わたしのボロボロになったペーパーバック版『ギリシャ流』の裏についている小さな肖像写真のなか

のエディス・ハミルトンはどことなくその女優と似ていたのだ（例のとんがり帽子をかぶっていないだけで）。

　でも、エディス・ハミルトンは魔女ではない（それを言うならマーガレット・ハミルトンだって）。エディス・ハミルトンは7歳のときに父親からラテン語を教わるようになった。父方の祖母は、女性に教育は必要だという考えを早くからもっていた。1867年にドイツで生まれたエディスはインディアナ州で育ち、家庭教育で学んだ。その後、コネチカット州のフィニッシング・スクール（有名なミス・ポーターの学校だ）へ送られた。その後、妹と一緒に渡欧してミュンヘン大学で学んだ最初の女子学生のひとりになった。生計を立てるために教師になり、ギリシャについての執筆を始めたのは、ボルチモアの私立学校ブリンマー・スクールの校長職を退いた55歳のときだった。

　エディス・ハミルトンは執筆の世界へと押し出されるべくして押し出された。まず、ある演劇雑誌にギリシャ悲劇についてのエッセイを執筆したところ、文章が非常にわかりやすくて興味をそそるものだったので、もっと書くよう勧められた。彼女の文章を集めた『ギリシャ流』は1930年に刊行され、出版業界では「スリーパー」と言われる本の一冊になった。つまり、何年にもわたり堅実に売れ続け、いまもって絶版になっていない。長年の読書と教育経験を通して、ハミルトンは文献を原語で深く理解していた。そして、アメリカ人が外国映画を敬遠する原因となる字幕のような、一般読者に敷居が高いと思わせる脚注だとか学問的な障害物を一切排した、無駄のない優雅な形式で物語を語り直した。ギリシャ・ローマ神話を集めた『神話』では、短い頭注のなかで、参照することにした権威について述べるにとどめ、それから簡潔に、親切ともいえる調子で物語を語り、いくつかの解釈を示

している。彼女の言葉はわかりやすく、そのメッセージには
蒙を啓かされる。

　ハミルトンの著作がここまで人気を集める一因は、彼女が
学問の世界をうまく避けているところだ。古典学者はつい
気取り屋になりがちだ。一度でも何かをギリシャ語原典で読
めば翻訳は見劣りするまがい物に見えるし、ほとんど神聖を
汚す行為だとしか思えなくなる。そういう手合いは、エディ
ス・ハミルトン、スティーヴン・フライ、リック・リオーダ
ン、さらには、その百科事典的な執筆スタイルから学識がう
かがわれるロバート・グレーヴスすらも評価しない。それで
も、親しみやすい雰囲気のこれらの作家が神話と読者を引き
合わせ、神話と恋に落ちた読者が、その後ヘシオドスをギリ
シャ語で、オウィディウスをラテン語で読むことになるかも
しれないのだ。わたしに「古典文学355」の授業を取らせた
ものがなんであれ（それがリュケイオンで出会ったB級映画だとか
ドラッグストアの棚に並んでいるような漫画雑誌『クラシックス・イラ
ストレイテッド』でも）、神話の魅力に抗しがたいものがあった
おかげでわたしは大学であの講義形式の授業へ導かれた。そ
してその後、ギリシャ語とギリシャとエレウシスに導かれる
ことになる。

◎◎

　大学を卒業して10年、すでに処女を失い、神話への興味
にふたたび火がついたわたしは、エレウシス（現代ギリシャ語
ではエレフシナ）へつづく聖なる道をたどっていた。道沿いに
並ぶ墓を見てみたかったし、エレウシスの秘儀に入信すると
どんな気持ちになるものなのか少しでも体験できたらと思っ
たのだ。新しく習得した現代ギリシャ語を駆使して聖地に乗

り込めば、秘儀の謎だって解けるかもしれない。いずれにせよ、アテネ郊外の田舎の景色をいくらか目にできるはずだ。

　わが師ドロシー・グレゴリーの助言を聞き入れず、わたしはギリシャ正教の復活祭の時期に現地を訪れた。その年の復活祭は遅く、五月だった。首都のすべてが閉まるだなんて想定外だった。ギリシャ人たちは故郷の村に帰省するか、数日間店を閉じたままにするのだ。アクロポリスのふもとのプラカ地区をぶらぶら歩いていたら、小さな裏庭で男性が串刺しにした仔羊を炙っていた。なぜか、わたしはそこにお邪魔して、季節のお祝いを一緒にしたくてたまらなくなった。女神デメテルを奉る古代の聖地のエレフシナでなら、春を祝う異教の儀式とわたしをつなげるものが見つかるかもしれない。

　アテネからエレフシナまでは20キロの道のりで、ブルーガイドには「最初の5、6キロは工業地帯がつづくので歩いていても退屈するだけだ」とされ、バスで行くことが推奨されていた。わたしはクリーブランド育ちだし、ガーデン・ステートにも住んでいたことがある。だから、「工業地帯がつづく」景色にも退屈しないはず。でも、20キロはさすがに長いかも。ブルーガイドには、アテネから10キロのところにあるダフニ（Δαφνή）にビザンツ帝国時代のモザイクで有名な修道院があるとあった。そこで、ダフニまでバスで行き、そこから聖なる道を歩くことにした。

　当時のギリシャ語の実力は心もとないものだったけれど、わたしは賭けに出た。頻繁に口にした表現は Δεν κατάλαβα（デン・カタラヴァ）——「わかりません」だ。必要になると思われる質問はあらかじめ練習していたものの、想定外の答えが返ってくると途端に戸惑った。クレタ島からロドス島へ渡るフェリーの情報を手に入れようとして、ピレアスの港 湾 局に相当する部署に電話をかけたのはわれながら大胆だった。

116

でも、電話に出た男性は、わたしがクレタ島からピレアスに戻ってそれからロドス島に行くと思い込んでいるようだった。まるで、どこかに行きたいのなら、またはじめに戻ってやり直さなければならないと言われているみたいだった。そんな話をしているとイラついてきた。わたしが希望するフェリーは、たまたま電話先の人の持ち船か、乗船券を売れば手数料が入るのでもなければ、そんな便は存在しないと言わんばかりだった（これはインターネット登場以前の話だということをお忘れなく。複数のフェリー会社の情報がネット上で簡単に比較できる時代ではなかった）。電話では埒が明かなかったので、「クセノフォヴィア」（つまり外国語を使って電話するのにとにかく怖がる段階のこと）はとっくに克服していたけれど、わたしはピレウスの港で案内所を自力で探し当てて、そこにいた男性に直接質問をぶつけてみた。すると、電話のときと同じ意味不明な（そして受け入れがたい）答えが返ってきた。そこで、わたしは「Δεν καταλαβα」と言った。すると相手の男性の眉毛がひょいと上がって、「あなたのこと、知ってます！」と言うではないか。なんのことはない、電話で話していた男性その人だったのだ。

　エレフシナへの小旅行では、なぜか口から出たギリシャ語の動詞がひとつ残らず過去時制から逃れられなくなってしまった。まるで、後ろを向いたまま身動きがとれなくなってしまったみたいに。バスに乗り込むときにわたしは運転手にこう尋ねた。「エレフシナに向かう聖なる道を通りましたか？」。どこか警戒しながら、運転手はさっとあごを引いて横に動かし、そうだと請け合ってくれた。車窓からの景色は、ブルーガイドが誇張しているのではないかというわたしの疑念を裏付けるものだった。アテネの郊外には古タイヤが置かれた広大な空間が広がっていたが、それはクリーブラン

ドやニュージャージー州エリザベスの光景とは比ぶべくもなかった。バスはとある聖堂を通りがかり、わたしはそこがダフニの修道院だと思った——乗客のギリシャ人たちが何度も十字を切っていたから。それで、そこでバスを降りた。バスの運転手が怪訝な顔つきをしたので、「歩きました」とわたしは説明した。運転手はにやりと笑った。

そう、たしかにわたしは歩いた。ダフニを示す標識が見えてくるまで1時間以上も。その修道院は、高い石の壁に囲まれ、緑に包まれた隠遁所のような雰囲気だった。入り口にあった手作りの看板には「地震で損壊したため閉鎖中」とあった。コリンティアコス湾を震源とするマグニチュード6.7の大地震が1981年に発生していた。モザイクの復旧作業は優先事項ではないらしいということが見てとれた。

出発したときは修道院に寄る予定ではなかったし、ビザンツ帝国時代のモザイクについてはなんの知識もなかったが、来たからにはおめおめと踵を返すわけにはいかない。旅の途中でとりあえず向かって行くべき道しるべにと、ふと選んだ地図上の地名そのものを旅の目的地にするというのはよくあることだ。このときはそれがダフニだった。来たからにはなかに入りたい。壁の向こうには人がいて、庭に水をまいているようだった。わたしは限られた語彙を駆使して、門のところで騒ぎ立てた——「カリメラ！　おはようございます！　誰かいますか？」すると、犬が吠え始めた。男性がひとり門のところにやって来たので、片言で一方的にまくしたてた。「聖なる道を歩いてきたんですけど、水を少しいただけないかと思って……」。きっと、黄色いレンガの道でドロシーに会ったと、オズの魔法使いに話しているカカシの口調そのものだっただろう。なにはともあれ、少しの水という意味の「ネラキ」(「ネロ」(水)の指小辞だ)という言葉は心得ていた。

男性はとくに関心したそぶりも見せず、何人かがたむろしている駐車場へわたしを案内した。その修道院にはもう長年修道士の姿は見られず、いまや駐車場兼ピクニック・サイトになっていたのだ。キャンプをしている人たちが水を少しわけてくれて、フィンランド人なのかと聞いてきた。そのときのわたしはひどく青ざめていたにちがいない。

「ダフニの古道に新しい幹線道路が合流する」とブルーガイドには書いてあった。60年代にできた現代的な幹線道路はアテネと80キロ西にあるコリントスとを結ぶ有料道路で、徒歩での通行は想定されていなかった。マンハッタンのイーストサイドを走る、交通量の多い高速道路、フランクリン・D・ルーズベルト・イースト・リバー・ドライブ（FDRドライブ）みたいだった。ニューヨークに越して来たばかりのころ、わたしはうっかりそこに自転車で入ってしまい、たった数センチ横を車がびゅんびゅんと走り去るなか、狭い路肩でよろめき、おびえた経験がある。あんな失敗はもう二度とするものか。でも、聖なる道を歩いているわたしを車がつぎつぎと追い越していくうえ、3台に1台は（トラック、タクシー、自家用車など）、背後から近づいてきてクラクションを鳴らしたので心臓が凍る思いをした。乗せてあげると言ってくれるドライバーも何人もいたが、断った。古代の墓を探したけれど、そこにあったのは田舎で見かける郵便受けのような、支柱に取り付けられた教会の形をした小さな祭壇だった。そこには肖像写真が掲げられ、ろうそくの芯が入った浅いブリキの缶、マッチ箱、たいていウゾのリサイクル瓶に入っているランプオイルも置いてあった。それらは幹線道路の交通事故で亡くなった人を悼むための記念碑だった。トラック運転手にまたクラクションを鳴らされ、追い越されながら、わたしもここで遺体と成り果てるのではないかと思えてきた。そう

なったら、祭壇を捧げてくれる人は誰もいない。

　途中、軍事施設とおぼしき場所を通りすぎた。写真撮影禁止を示す看板が立っている、写真映えしない一画だった（いかにもという感じ）。黄色と赤の三角形で、黒いびっくりマークが付いたその看板は、この先に危険が待ち受けていると警告していた。曲線を描く丘が長く連なっていて、上から眺めたらさぞ見晴らしがよさそうだった。ところが、そこから見えたのは、石油精製所とサロニカ湾に浮かぶ錆びついた貨物船だった。電柱の設備を製造する工場、洗濯物を入れるバスケットやじょうろなど、色とりどりのプラスチック製品をどっさりまとめて売っている店、先ほど見かけた小さな祭壇を売っている園芸用品店、ガソリンスタンド、そしてさらなる石油精製所を通りすぎた。インディアナ州ゲーリーのような、うんざりする工業都市の町はずれにいる気分だった。ちがいは、そこかしこにオリーブの小ぢんまりした木立があるということだけ。途中、大理石が敷き詰められた石の庭のそばに現役の小さな農場があり、そこには鶏や乳牛がいて、干し草のベールが転がっていた。工場労働者御用達のコンビニの隣でオリーブの木が葉を広げる下に、大理石造りの古代の墓がぽつんと立っていた。

　聖なる道の路面は油でべとついていた。道を歩きはじめたとき壊れていなかったわたしのサンダルはそのうち壊れてしまった。足は油とほこりまみれになった。エレフシナに着くと遺跡に直行せずに「スーペルマルケット」（ギリシャのミニマートだ）に立ち寄り、２リットル入りの水のボトルを買い、それをポリ袋に入れて遺跡まで歩いた。神域は街の中心部から離れていなかった。門からなかへ入ってすぐに座り込んだところ、チケット売り場のギリシャ人にそこに座るなと注意された。見栄えが悪くて営業妨害だからと。それで、わたしは

重い足を引きずって遺跡の向こう側にある丘まで歩き、松の木が何本か生えて木陰をつくっている場所に座り込んだ。

　ごくごくとボトルから水を喉に流し込んで、裸足を突っ込んだポリ袋に残りの水を注いだ。ああ……しわくちゃになったポリ袋に水が溜まっていく──水は漏れてこない。そんな格好のままエレウシスの古代の神域と現代的なエレフシナの家々の平らな屋根の向こうに、臨海地区できびきびと働く産業用クレーンや水位線が錆びついている船、大アイアースの故郷である伝説の島サラミスを眺めていた。もっと高尚な目的があったんじゃなかったっけ？　でもそのとき、わたしはひたすらプラスチックに感謝していた。「プラスチック（plastic）」という言葉はそもそもギリシャ語由来で、もともとの意味はシンプルに、「打ち延ばせる」、「形が変わる」だ。ザハロプラスティオン（ΖΑΧΑΡΟΠΛΑΣΤΕΙΟΝ）という言葉は、菓子店や菓子職人を意味する。プラスチック製のラップを表すギリシャ語は διάφανη μεμβράνη ──つまり、「透明な膜」だ。プラスチックは軽く、多用途で、簡単には破れない（それは言うまでもなく欠点でもある）。そして、何かが劣化するのを防いでくれる。プラスチックはいわれのない非難を受けがちだ。わたしがいま足を浸しているこのポリ袋の出所は、まさにここに来る途中で目にした石油精製所なのかもしれなかった。

◎◎

　エレウシスの秘儀にかんしてわかっていることの大半は、ギリシャ時代の初期の書き物であるホメロスの『デメテル讃歌』から推測されたものだ。収穫の時期を迎える秋に人びとは列をなしてエレウシスに向かった。入信者たちはアテネで

その準備をした（オハイオ州アテネにあらず、念のため）。儀式の
ひとつに、みながそろって「キケオナス」（これは現代ギリシャ
語では「かゆ」「薄がゆ」を意味する）という名の液体を飲むという
ものがあった。これは、デメテルがエレウシスにやってきた
ときに所望した飲み物にちなんでいる。娘を失った悲嘆に疲
れ果て、人間に身をやつしたデメテルは、ある井戸のそばで
立ち止まり座り込んだ。そこにその国の王妃の娘たちが通り
がかって、彼女を連れて帰り、母親である王妃メタネイラに
会わせた。メタネイラはデメテルを生まれたばかりの息子の
乳母にする。メタネイラはデメテルに葡萄酒を差し出した
が、デメテルは断り、かわりにミント、あるいはメグサハッ
カ（これはわたしの前の時代の『ニューヨーカー』校正者だったセル
マ・サージェントの翻訳による）で風味を加えた大麦湯を所望し
た。エディス・ハミルトンの説明によれば、デメテルが求め
たのは、農民が畑で喉をうるおした清涼飲料だったという。
エレウシスの秘儀の解明を試みた『エレウシスへの道』の著
者たちは、この飲み物の主成分は、野生の穀物の表面に発生
する「大麦の麦角菌」ではないかとしている。その本には、
「この飲み物は一種の幻覚剤であり、適切な状況と組み合わ
せがそろうと、内耳がかく乱されて驚くべき腹話術師のよう
な作用を引き起こす」とある。ローブ古典叢書内の、ホメロ
スの『デメテル讃歌』が収録されている巻の編集と翻訳を担
当したH・G・イヴリン＝ホワイトは、それがなんであれ、
その液体を飲み干すのは「聖餐の行為」だと指摘している。
それは、「女神の悲嘆を後世に伝えるきわめて重要な儀式」な
のだ。

　ハミルトンが、その無駄のない雄弁な神話の語り直しのな
かで読者に思い出させてくれているように、デメテルは苦し
みを背負った女神だ。姿を消した娘を地上のすみずみまで探

したが、何が起きたのかを教えてくれる神は皆無だった。ハデスによるペルセポネの略奪は、ハデスの弟であるゼウスのお墨付きを得ていたのだ。ことの一部始終を目撃していた太陽神ヘリオスだけはデメテルに娘の居場所を教え、それが2人の兄弟の同意のもとだったと漏らした。怒り心頭に発したデメテルはオリュンポスを去り、どれだけ説得されても戻らなかった。考えてみれば、ハデスは悪くない結婚相手ではないかと、神々は彼女を説き伏せようとした。ハデスという名は彼が治める冥界にちなんでいる。これは、シェイクスピア作品に登場するグロスター伯が領地にちなんでそう呼ばれているのと同じだ。だが、ハデスの本名は「豊かさ」を意味する「プルート」（Πλούτων から πλούτος になった）なのだ。それで、彼はありあまるほどの死者の魂に囲まれている。まあ、墓守のようなものだと考えてみればいいじゃないか。墓守だって妻をめとらなくてはならないんだから。それに、なかにはうまく行く歳の差婚だってある。

　このままでは人間が絶滅してしまうかもしれないという瀬戸際になって、ようやくゼウスは娘をデメテルのもとに戻すことに同意した。ここで登場するのがザクロの実だ。冥界の食べ物を口にした娘は毎年冥界に戻ってこなければならなくなる。母親と同じく、娘もまた苦難を背負う。花咲きほこる春とともに地上に戻って来ても、彼女はもう無垢な存在ではない。

　コレーには少女らしい愛らしさがある。きわだった個性はない（ホメロスが『デメテル讃歌』で彼女に用いている形容辞は「手首が華奢な」だ）。それでも、彼女は慕われていた。ハデスが襲来したその日、野でコレーとともに花摘みをした友人たちの名が『デメテル讃歌』で紹介されている。彼女の初々しさは想像力をかきたて、羨望の的になる。ルーシー・モード・モ

ンゴメリーの『赤毛のアン』を読んで、アン・シリーズのほとんどが舞台となっているプリンスエドワード島に足を運んだとき、わたしはコレー／ペルセポネを思い出した。ある牧場を訪れ、両側にバラの花が咲き、ノラニンジンやアキノキリンソウがそよ風に揺られている草地の道を歩いているとき、ふとわたしの心のなかに若い少女のように春を感じる初々しさが残っているのに気づいた。でも、少女だっていつかは成長しなければならない。そうでしょう？

　きっと、エレウシスを訪れた古代の入信者たちもデメテルの神域に入る前にリフレッシュしていただろう。わたしは松の木が生える丘を下り、聖なる道の最後の部分を歩きはじめた。これが古代だったら、あらゆる階級の、興奮したギリシャ人たちに囲まれていたところだ。ところが、わたしのほかにそこにいたのは、フランス人観光客の一行だけだった。フランス人たちにはガイドが付き添っていて、そこにある岩の意味を教えてもらっていたのを見て羨ましくなった。わたしに考古学の知識はない。それでも、ブルーガイド仕込みのわたしにはこんな風景が見えていた。デメテルがエレウシスにやって来たときに座り込んだ井戸はまだそこにある。幅広で、浅い大理石の階段がプロピュライア（前門）、あるいは前庭へとつづき、その先の丘へとカーブを描いてつづいている。ケシ、エニシダ、イソマツが遺跡のなかでは花ざかり。わたしの右側には、丘の中腹に自然にできた「ハデスの洞窟」があった。かつて冥界の女王と呼ばれたペルセポネはその奥にいて、春になると目をしばたたかせながら地上に出てくるのだろう。神話では曖昧にされているが、彼女は身ごもっていたはず。神であるハデスにレイプされたのだし、神々は相手を孕ませずにはいられないのだから（レイプの現場はシチリアの野原だとされている）。アフロディテとポセイドンを奉

る神殿もある。聖なる道の終着点の入り口の間では、土産物
が売られたり、儀式の前に人びとが集っていたりしたであろ
う。そんな部屋をいくつか通りすぎると、いよいよ神域に到
達する。そこは入信者たちの間で、現在では屋根がない矩形
の空間の床に平らな石が敷かれ、その向こうには屋根のない
観客席が岩がちな丘の中腹へとつづいている。

　儀式がどんなものであれ、それはまさにこの場所でおこな
われていたのだ。神域の内側にたどりついた入信者たちは、
わたしが目にしたような、いくつものガソリンスタンドや、
錆びついた世界は見ていない。収穫期を迎えた穀物の畑を通
りすぎてきたはずだ。西暦2世紀にエレウシスへ旅したパウ
サニアスは、「この地ではトリプトレモスの脱穀場と祭壇を
目にすることができる」と書いている。エレウシスの王子で
あるトリプトレモスは、パウサニアスによれば、「耕作用の
穀物の種を蒔いた」最初の人物だ。パウサニアスの旅行記が
書かれたのはおよそ2000年前だが、いまからわずか200年
前の1801年に、この地はまだデメテル信仰の中心地だっ
た。その年、イギリスからの旅行者で、進取の気性に富んで
傍若無人なE・D・クラークなる人物が、村人に抗議された
にもかかわらず、籠を頭に乗せたカリアテッド〔アテネのアク
ロポリスで神殿を支える女性像の柱〕によく似た、2トンの重さがあ
る女性像、「キストフォロス」を持ち去った。パウサニアスの
著作を翻訳したピーター・レヴィは、注のなかで「牡牛が一
頭駆け上がってきて、その像に何度も頭突きを喰らわせる
と、いななきながら去っていった」としている。クラークが
略奪した宝物を載せた船はイングランドのサセックス東部の
ビーチー岬で難破した。デメテル神殿から運ばれた石像はそ
の後海中から引き揚げられてケンブリッジに設置されている。
　エレフシナの巡礼から数年後に、大佐と呼ばれる右派の軍

人たちがギリシャで政権を握っていた60年代から70年代にかけて、農業を司る神聖な都市のお膝下のサラミス湾で石油精製業や汚染をまき散らす産業が発展したのだと知った。ギリシャ人のあいだでは昔から、エレフシナは工業化によって台無しにされた都市として有名だったのだ。まるで、地域全体がレイプされ、略奪され、犠牲になったかのようではないか。人生の半ばで死を受け入れざるをえない状況というのは、まさにこのことだ。ポリ袋はたしかに便利だが、だからといって豊穣の女神の神域と引き換えにする価値があるのかどうか。その地を守るように囲む丘のふもとの神殿の入信者たちの間で佇みながら、デメテルはもうここにはいないとわたしは直感した。

「神域の壁の内側に何があるのかを書くことは夢のお告げによって禁じられている」とパウサニアスは書いている。「入信していない者が目にするのを許されていないもの、彼らが知るべきではないものも」。このくだりの前に、パウサニアスはアテネで、おそらくデメテルに奉られた神域であるエレウシニオンを訪れ、こう書いている。「内容について書きたいのはやまやまだが……夢のなかで見た何かがそれを許さない。このあたりで一般読者のために宗教とは関係ない話題に戻らなければならない」。こうして、古くローマ時代に試みられた秘儀の追跡は未解決のまま行き詰った。

エレフシナでわたしが目にしたなかでもひときわ愛らしかったのは、腰かけている女性の足元に小さな女の子がいるようすが彫ってある墓標、その石碑だ。女性は背を伸ばしていて、信頼しきった女の子は彼女に何かを差し出している。デメテル神話に描かれる、あふれんばかりの母の愛を表していると解釈できるものは現地でそれ以外には見かけなかった。当時わたしはアメリカで、若い母親になった友人たちのよう

すを何年も眺めてきて、母と娘のあいだの愛情に心打たれていた。わたしが子どものころにそんな愛情を感じたのは、祖母の膝に座って読み聞かせをしてもらっているときだけだった——わたしが本好きになったのは、きっとそのおかげだ。わたしの幼年期は家族の暗い時代と重なっている。わたしの母もデメテルと同じく子どもをひとり失った。パトリックという名の男の子で、わたしよりも2歳年上だった。わたしには彼の記憶はない。でも、わたしが育つあいだに、母は彼が死んだ日のことを何度もこと細かに語った。母は家族の神話をわたしに吹き込んでいたのだ。それは三月（不吉な月だ）のことだった。パトリックはあと数週間で3歳になるところだった。その日、朝食にベーコンが出された。赤ちゃんにお乳をあげたらベーコンを切ってあげるからちょっと待っていてと母はパトリックに言った。でも、パトリックは待ち切れずにベーコンに手を伸ばし、喉に詰まらせた。朝食の席にいた父が、彼をさかさまにして背中を叩き、ベーコンを取り除こうとした（当時ハイムリック法はまだ浸透していなかった。いまではその救命法をすべての飲食店に掲示するよう法律で義務付けられている）。父はその方法しか知らなかったし、それはうまく行かなかった。

　それから父がどれだけ悲しんだかを母は語った。昼間はその話をしなくても、夜になるとベッドで身を震わせて泣いていたのだと。父は教区司祭のもとに赴き助けを求めさえした。司祭はもうひとり子どもをつくるよう勧めた。それで生まれたのが弟。「わたしは乗り気じゃなかったけど」と、母は言っていた。しかも、パトリックの身代わりだとされる当の弟の前で堂々と（あんまりだ、とわたしは思っていた）。両親の簞笥の上に飾られた彩色写真のなかに生きている、栗色のコーデュロイシャツを着てちょっと困り顔の、肩幅の広いとび

色の髪の男の子に誰が勝てるだろう。彼の形見の品（髪の毛ひと房と花輪）は、キッチン戸棚の奥の細長くて平べったい箱に保管されていた。母によると、パトリックの靴は見つからなかったそうだ。跡形もなく消え失せた。それで、パトリックは靴を履かないまま埋葬された。毎週わが家を訪れる祖母を金曜日に車で送り届けたあと、わたしたちは裏のポーチに立って星空を見上げたものだ。わたしは母に訊ねる。「パトリックの星はどれ？」母は、ひとつの星を指さす。

　昨年ようやく、兄の死にずっと罪悪感を抱いていたことにわたしは気づいた――わたしが朝食の席にいなかったらパトリックは死なずにすんだ。なぐさめようのない母のなぐさめ役という難しい立場がわたしの子ども時代だった。ふたりとも打ちひしがれていたので、母はわたしに実用的なことや家事を教える余裕はなく、わたしはそれらを学ぶ余裕がなかった。スクランブルエッグも作れず、シャツの染み抜きもできなかった。大学に進学して神話の授業に出るようになっても、まだ無力感にさいなまれ、自分に罪はないとはどうにも思えなかった。

　ところが、どういうわけかザイトリン先生が教える神話のクラスがきっかけとなって、その罪悪感から解放されはじめた。エレウシスの秘儀について講義をしながらザイトリン先生は、コレーの誘拐は、女性の3つの通過儀礼である誕生、結婚、死がひとつにまとめられた行為だと説明した。レイプされることで汚れを知らぬ乙女としてのコレーは死に、冥界の女王ペルセポネが誕生した。当時、わたしはわが身をコレーに重ねていた。わたしは処女で、居心地のいい灰色の建物である寮がある袋小路の周りに咲きほこるライラックの花のなかで輝いていた。わたしは花の子どもだったのだ。大学のキャンパスは、ハデスが地中から現れてコレーをさらってい

ったときに友人たちと遊んでいた野原だった。その講義に出席するまで、わたしは大人になるのが怖かった。自分のなかの少女らしさを大人の女性の人生と引き換えにするのが恐ろしかった。

　ザイトリン先生の講義を聞いて、人生のモデルはほかにもいるのだとわたしは気づいた。性悪女になったっていい。女狩人にも、アマゾネスにも、デュオニソスにつき従う狂女にだってなれる。自分の役割を、処女か花嫁か母親に限定しなくてもいいのだと神話は教えてくれた。演じることのできる役柄はほかにもたくさんあるのだ。母のように一生毎日欠かさずガードルを履き、締めつけられる人生を送らなくたっていい。自分らしく生きていけばいいんだ。

　いま、春ならではの陽気な気分を少しでも味わえたらと期待してやってきたエレフシナで、結局自分のなかには母がいるのだと気づいたわたしは、そのことが嬉しかった。女同士は連続体なのだ。耐えがたい悲しみを抱えながら母は毎朝わたしたちに朝食を用意してくれ、子どもをもうひとり産んだ。弟とわたしには子どもはいないものの、兄はトウモロコシの女神（義姉はアイオワ出身だ）と結婚して、どちらもミュージシャンになった立派な息子がふたりいる。そのひとりはパトリックという名前だ。兄のマイルズは庭師になった（その素質は父からは受け継いでいないはず。何しろ父は家の壁をペンキで塗っていて、母が育てていた菊の花をわざわざ踏んづけるような人だったから）。わたしは家族から離れるためにギリシャを訪れたはずだった。それなのにアテネへの帰り道で心のなかにいたのは家族だった。今度はさすがにバスに乗った。

第 5 章

悲劇好き
[A Taste for Tragedy]

　30代も半ばにさしかかるころ、わたしは古典ギリシャ語にどっぷりつかっていた。『ニューヨーカー』では校正の仕事にも慣れ、後進の校正者たちの指導にもあたるようになって、そろそろ次の段階を目指そうとする頃合いだった。それでも夜勤をあきらめたくなかったのは、その分休みが取れて課外活動にいそしむための自由時間が確保できるから。当時、『ヴォーグ』や『ヴァニティ・フェア』など多くの雑誌を所有していたニューハウス一族が『ニューヨーカー』を買収する動きがあった。ウィリアム・ショーンの後任の編集長が誰になるのかについて、さまざまな憶測が飛び交っていた。『ニューヨーカー』は何十年も変わらなかった——ショーンはわたしが生まれた1952年から編集長を務めていたのだ。新しいオーナーが伝統をいじくり回すのではないかと社員は戦々恐々とした。No.1の鉛筆〔筆者が愛用しているBに相当する濃さの鉛筆〕はどうなる？　授業料の肩代わりは？　エド・ストリンガムのような古くからの社員には、昔ながらのやり方に慣れ切っている者もいる。新しいオーナーがそんな古株を大目に見てくれるとは考えにくい。ショーンの仕事場は数多の奇人変人の溜まり場となっていて、わたしもそのひとりにな

りつつあった。

　そのころわたしは、尊敬を集める古典学のヘレン・ベーコン教授がバーナード・カレッジで教える古典ギリシャ語入門クラスに登録した。これは歴史的機会だった。彼女が入門者を教えるのはこれが最後だったから。ところが、ベーコン先生は宵の明星（金星）を司るヘスペロスを説明するときに、「晩課」を意味するラテン語の Vespers（ウェスペルス）を引き合いに出した。これはいただけない。ラテン語経由でギリシャ語が教えられるのはうんざりだ。その死んだ言語については無知なわたしだけれど、現代ギリシャ語ならたっぷり知っている。それで、道を渡ってコロンビア大学に行き、新しく着任したローラ・スラットキン先生のクラスに登録した。

　スラットキン先生はニューヨーク生まれで、名門女子高のブレアリー校からラドクリフ・カレッジに進み、ケンブリッジ大学に学んだのちにメロン・フェローシップを得てコロンビア大学に来ていた。才気煥発で真面目で魅力があって、大きな翼を広げたような眉毛の持ち主の先生は女神アテナを彷彿とさせた。予習せずに授業に出る学生のせいで白髪が増えます、とジョークを飛ばしていた。わたしは学部生よりも彼女と年齢が近かったが、だからといって友達づき合いをしていたわけではない。授業中に先生の私生活が垣間見えることがあった。ある日、前の晩に友人が出産した話をしてくれた（お産に立ち会ったそうだ）。その経験から、古典ギリシャ語の一部の動詞で遭遇する「contraction」〔文法用語では“縮約”だが、出産時の子宮収縮も意味する〕という語が新たな、のっぴきならない意味を帯びるようになったのだと。博士号持ちが3人がかりで奮闘して取扱説明書と首っ引きでベビーベッドを組み立てたのだと面白おかしく語ってくれた。

　有機化学、ラテン語上級、統計学の授業や、コロンビア大

学の有名な古典名著講座にも出ている学部生とはちがい（彼らはそのうえボートを漕ぎ、アートを制作し、ドラッグをやり、ふざけ回っていた）、わたしはひとつのクラスの予習だけしていればよかったし、社交生活もなかったからギリシャ語に没頭できた。数時間ギリシャ語に夢中になったあとで家賃を稼ぐために職場に行き校正の仕事に当たる日々だった。

　古典ギリシャ語の学生が最初に取り組む書物は、クセノフォンの『アナバシス』が昔からの定番だった。紀元前401年から399年までペルシャで戦った、1万人の（要はおびただしい数の）ギリシャ人傭兵が内陸部を長期にわたって行軍し（アナバシスには「進む」という意味がある）、退却するようすを記録したものだ。そこに書かれているのはほとんど、毎日どれだけの距離を進んだのか——ヘロドトスとクセノフォンによると1パラサングは闘技場30個分に等しく、約5.5キロメートル。傭兵たちは重い足取りで、砂漠、丘、岩山、さらなる岩山、さらなる丘を越えて、ようやく海を目にすると「タラッタ！　タラッタ！」（海だ！　海だ！）と叫んだ。そこまで来れば家にたどりついたも同然なのだ。ところが、スラットキン先生は『アナバシス』を飛ばして、かわりに国家によってソクラテスが裁判にかけられ死刑になるまでを描く『ソクラテスの弁明』を課題にした。学生が古典ギリシャ語と恋に落ちるよう仕向けるにはどうすればいいか、よくわかっていたのだ。そのほかに、先生はハンセンとクインが執筆した新しい教科書を使った。先生が古典ギリシャ語を学んだときの教科書と比べて改善されている、とのことだった。昔の教科書の例文はすべて、道の端からもう一方の端に岩を動かすようすを説明するものだったそうだ。初日の宿題は、ἥλιος、Ὅμηρος（「太陽」「ホメロス」）のように、小文字で印刷されたギリシャ語単語のリストをすべて大文字で書き写してくること

だった。これは意外にも役立つ課題だった。そうやって単語を学ぶうちに教科書以外のものも読んでみたくなった。

スラットキン先生のもとで1年間初級レベルの古典ギリシャ語を学んだのちに、わたしは先生のギリシャ悲劇のクラスを取った。教室はハミルトン・ホールの6階だ。コロンビア大学が地下も（もしあれば半地下も）ひとつの階として数えていたせいで、教室を見つけ出すのもひと苦労だった。教室発見スキルにはまちがいなく上級学位が必要となる。建物の名前の由来はもちろん、独立戦争中にコロンビア大学を退学した、有名な同窓生のアレクサンダー・ハミルトンだ。しかも、彼の時代に建てられたかのような雰囲気だった。屋根からは雨漏りがしたし、天井の一部がはがれ落ちてきた。スラットキン先生はちょっと澄ました感じで、「あとは野となれ山となれ」(Après moi, le déluge.) と嬉々として言っていた。

当時わたしはアストリア地区の、イタリア系の兄弟が子どものころから住んでいるという2戸連の煉瓦造りの家の、上階の部屋を借りていた。よく早朝に2階の自分の部屋の窓辺に置いてあるテーブルに座り、ヘルゲート・ブリッジにつながる高架橋を電車が通過するのを時折見上げながら、ギリシャ語の教科書とスパイラル・ノート、それに弟から贈られたリデル＆スコットの縮約版辞典に向き合っていた。勤行する修行僧さながらに。

当時はわたしのギリシャ語の語彙が限られていたから、もっと簡単な作品から読んだらどうかとスラットキン先生に提案された——たとえば、道の向こうのバーナード・カレッジで開講されているヘロドトスだとか。けれど、わたしは悲劇がだんだん好きになってきたところだった。芝居がかった仕草だとかメロドラマ的要素が好きということもあるかもしれないが、ギリシャ悲劇を読んでいれば自分の問題を客観的に

振り返れるのではないかという気がしたのだ。スラットキン先生が選んだのは、これを読まずして大学を卒業するなどもってのほか、と彼女が考える悲劇2編だった。どちらもソフォクレス作の『アンティゴネー』と『オイディプス王』（Oedipus Tyrannusu、古典学者は略して "OT" と呼ぶ）だ。『アンティゴネー』を読むだけで学期のほとんどを使ってしまい、『オイディプス王』は最後の2、3週間に詰め込まれた。学生が辞典と首っ引きになる時間を節約できるよう、スラットキン先生は語彙をまとめた用紙を配布してくれた。

　わたしはオタク学生だったから、ギリシャ語の文章を10行ぐらいずつ苦労してノートの片側に写し、すべての発音区別符号をじっくり観察し、反対側のページを語彙にかんする注意事項で埋めた（動詞は主要形を記し、名詞は性別や属格を書き込んだ）。そのうえで統語法の屈折や変化と渡り合ったのちに、ソフォクレスの文章の英語訳を鉛筆でひょろひょろと書き込んでいった。そこから意味が浮かび上がるのを目の当たりにし、時制、相、法の微妙な用法を観察し、翻訳できない小辞の力を感じるのは、わくわくする体験だった。

『アンティゴネー』には現代英語でも使われる単語がいくつか登場する——たとえば、「miasma 汚れ」など——そして、英単語のもとになった言葉も登場する。「這う、滑る」という意味のヘルポ（hérpo）という言葉から herps となって、蛇やサンショウウオ、そのほか地を這う生き物である爬虫類を研究する学問を示す「herpetology」という単語ができた。「蒔く、散らばる」という意味の、スペイロ（speíro）に、「dia」（向こうに、通り抜ける）という接頭辞がつくと、ばらばらになる、そこらじゅうに、という意味の「diaspora」（ディアスポラ、離散）ができあがる。歴史上ではユダヤ人のディアスポラ、ギリシャ人のディアスポラの例がある。そして、退職間

際の『ニューヨーカー』編集者たちは自分たちを「ザ・ディアスポラ・クラブ」と呼ぶ。

　わたしはさらに、古典学者が使う特殊用語まで貪欲に吸収した。学者は何にでも名前をつけるのだ！　ある著者が一度だけ使った単語を指して、「ああ、それは稀用語句（a hapax legomenon）だね」と言うごとく。「ヒステロン・プロテロン hysteron proteron」〔逆順〕とは、後に来るべきことに先に触れること。わたしのお気に入りは「ラクナ lacuna」〔脱文〕という言葉で、これはパピルスが虫に喰われて文章に穴が空いたことに由来する。わたしたちはみなときどき「ハプログラフィー haplography」〔重字脱落。たとえば mississippi を missippi と誤って綴ること〕をしがちだ。このせいで、校正者はある言葉が2度目に使用されたのに目を留めても、初出なのかそうでないかの線引きができなくなる。また学者の世界での慣例では、手稿の解釈がふた通りあって、どちらが真正なのか定かではないときは、より難解か、普通ではないほうを贔屓にすることになっていた。いい意味でひねくれている。これだけでなく、詩の形式や韻律についての注記や韻律分析の実践もあった。あらすじや登場人物にたどりつくまでに、こんなにも愛すべき要素があるだなんて！

『アンティゴネー』を読むのにわたしたちが使用したテキストは、ケンブリッジ大学のリチャード・クラバーハウス・ジェッブによるものだった。ギリシャ語の本文が47ページなのにたいして英語の注釈は186ページにも及んだ——これでも、1900年に出版された、より大部なものの縮約版なのだ。このテキストは古典学者のあいだでは「ジェッブ」で通っている。わたしはまるでお気に入りの人形のようにジェッブを持ち歩き、ボストンの友人を訪ねる電車内で読んで頭を悩ませ、友人とブリッジをしているときも開いたまま膝の上にの

せていた。わたしが見ていない隙に、そのうちアナグラムみたいにして言葉が整列しなおして意味のあるまとまりとなって飛び出してこないかと期待して。

『アンティゴネー』の物語をご存じの方も多いだろう。オイディプス王の娘であるアンティゴネーが、新しくテーバイの王となった叔父、クレオンの命に背いて兄ポリュネイケスの埋葬をおこない（というよりも、その骸にひとすくいの砂をかけ、無事に冥界へ旅立てるようとりはからった）、そのせいで死刑になるという筋立てだ。アンティゴネーは気性が激しく、自分はより貴き掟に従っているのだと信じて疑わず、叔父に反抗する。この悲劇で不死鳥のように舞い上がるアンティゴネーが描かれなかったら、叔父クレオンの劇になっていたところだ。クレオンは正しくなければならない。そして、盲目の予言者テイレシアスが登場して（いつも悪い報せを携えて）、テーバイの長老たちからなる合唱隊がクレオンに自分がまちがっていたと認めさせても、時すでに遅し。姪のアンティゴネーは首を吊って自殺したあとだった。アンティゴネーと婚約していたクレオンの息子のハイモン（そう、ふたりはいとこ同士だ）も自ら命を絶ち、そのせいで彼の妻で、ハイモンの母親である王妃エウリュディケも命を絶ち、悲嘆に暮れるクレオンがひとり取り残される。

わたしがソフォクレスに感心することのひとつが、この劇がはじまる前からすでに終わっているという点だ。主人公が登場する時点で、観客は彼女がこれからしようとしていることの結果を見通すことができ、それ以降はあらゆることが無慈悲なまでの詳細さで語られ、アンティゴネーの心情が迫ってくる。わたしがまるで自分でそれを書いたかのように奇跡的に訳せたあるセリフで（一部の人からはそんなの嘘だと思われ、いまだ信じてもらえない）、彼女はきょうだいという存在のかけ

がえのなさを滔々と訴える。夫や子どもが死んだのであれ
ば、再婚したり、また子どもを設けたりすればいい。でも、
もうこの世にいない両親から生まれたきょうだいは代わりの
きかない存在なのだ、と。よくわかる、とわたしは思った。
幼くして亡くなった兄のパトリックのことではない。パトリ
ック以外にもわたしには兄と弟、ふたりのきょうだいがい
る。そのうちとくに弟とは仲が良かった。当時、彼を失って
しまうような気がしてならなかったのだ。でもそれは、彼が
死ぬということではない。わたしが『アンティゴネー』を読
んでいたのと同じ年、彼は思いもよらない行動に出た。結婚
したのだ。その結果、わたしたちの青春時代は終わりを迎え
た。ふたりともニューヨークに住み、ともに遊び、内輪のジ
ョークや共通の話題があった。わたしには社交生活というも
のがなかったから、弟がその穴を埋めてくれたことは否めな
い。弟は愉快で頭の回転が速い。ほかの誰よりも彼と一緒に
いるほうがわたしはよかった。あるとき、わたしたちは友人
のいとこのおもしろい男性を紹介されたことがある。その男
性は翌日、このわたしに電話をかけてきてデートに誘った
──「気はたしかなの？　弟のほうがずっといい相手なの
に」といまにも言ってしまいそうになって、耳から離した受
話器をわたしはじっと見つめた。異性愛主義の男性にしてみ
れば、女性のわたしのほうが弟よりも魅力的に映るのだとい
うことを忘れていた。

　ときに、絶妙なタイミングで何かを読むということがあ
る。それが何ということはないけれど8歳で読んでおくべき
古典的名作であれ（『たのしい川べ』と『シャーロットのおくりもの』
をわたしは大学生のときに恋人と一緒にベッドで読んだ）、最初に出
会ったときは己の気持が邪魔しがちだけれど（たとえばリチ
ャード・フォードの『スポーツライター』）、そんな高慢な態度を手

放したら多くを語りかけてくれる本であれ（その本を読んでわたしは自由裁量のカンマにたいする考えを改めた）。ドナー隊〔1846年に米東部からカリフォルニアを目指した開拓民の一団がシエラネバダ山中での越冬を余儀なくされ人肉食などの凄惨な体験をした〕についての傑作（『決死の旅路』）には、どんな食べかすだっておろそかにしないと読者に決意させる力がある。その本（『大工よ、屋根の梁を高く上げよ』）に出会ったときの自分の状態によっては、もしそれが授業の課題として出され、読まなくてはならなかったらありえないぐらい身に迫ってくることもある。子どものころにラテン語を勉強できず、ギリシャ語を発見したときには30代になっていたのを残念に思っていなかったとは言わない。だが、当時のわたしが作品に持ち込んだもの（『アンティゴネー』の場合は、弟との歴史）のせいで、若いころに読んでいたら響かなかったものが響いたのだ。わたしに何かが起きただとか、そういうことではない——ただ、他人の身に起きたことの余波を経験したにすぎない。ところが、アンティゴネーの壮絶な経験（彼女にとっての弟は、兄そして甥のことだった）を読んで、家族のなかで隅に追いやられる気持ちと折り合いをつけやすくなったということ。

　ここで、かのスフィンクスにも匹敵するなぞなぞをひとつ。若いころは男性代名詞で、中年になると女性代名詞で、老年では単数の「they」で呼ばれるものは何？　答えは、わたしの両性具有者（ヘルマフロディテ）だ。弟の結婚に際してアンティゴネーになり切ったわたしは、彼がテイレシアスのように性別（ジェンダー）を変えて、女性として新たな人生をはじめたとき、またしてもアンティゴネーになった。そして、「姉妹（シスター）」という言葉に抵抗した。姉妹が必要だと思っていたときにはいなかったくせに、そしてよりによって弟にとって代わる姉妹なんて、そんなのいらないと思ったのだ。性別移行した家族を死んだと感じる

のは珍しいことではないと、あとで知った。それでも、自分が生まれ変わったように感じている性別移行の当事者にとってはとても戸惑うことなのだ。「死んだって言われるのは、不愉快だし」と弟は言った。だが、弟が性別移行をした当初、共有していた過去すらも拒絶されたかのようにわたしは感じていたのだ。そのうち、いまの弟について何か言うときは女性代名詞も使えるようになったものの、過去について語るときは男性代名詞に戻って当然だという気持ちだった。とはいえ、それもまだ数年のちのこと。『アンティゴネー』を読んでいた当時は、弟が結婚したことで、わたしはもう愉快な仲間とつるめなくなり、それを死として──不吉なものとして──とらえていた。万物の変化は世の常なのだ。

　スラットキン先生は、ギリシャ悲劇を学ぶ学生たちに別々の学術論文を渡して、それについて書いてくるように指示した。わたしが担当になった論文はアンティゴネーの動機についてだった。なぜ彼女はあのような所業に及んだのか？　この問いを扱う文献が山のようにあると知ってわたしは啞然とした。アンティゴネーがそんなことをした理由は完璧なまでにはっきりしているではないか。兄を愛していたから。彼女は当たり前のことをしたまでで、そのせいで責められても後悔はしなかった。なぜなら、後悔することなんてひとつもなかったから。彼女にはそうするよりほかになかったのだ。やましいことなど何もしていない。その時点で、わたしが古典ギリシャ語で唯一読んでいたのが、プラトンの『ソクラテスの弁明』だったのだが、アンティゴネーとソクラテスに共通点を見出した。どちらも真実との結婚を貫いたがために国家によって犠牲になった。

◎◎

ギリシャ悲劇を追求していくと、現実にはハッピー・エンドを迎えられる。少なくとも安心して終わりを迎えることができる。古典ギリシャ語入門の授業を取っていたちょうどそのころ、古典ギリシャ語で演じられる、エウリピデスの『エレクトラ』の出演者オーディションのチラシをキャンパス内で見かけた。死んだ言語を学ぶのははじめてだったから、言語学習の社交的要素（エスニックフードを楽しむ、寸劇を書く、即興的に会話をするなど）に欠けるのを残念に思っていた。こういう劇なら、古典ギリシャ語の会話に多少なりとも近づけるかも。それで、わたしは応募してみることにした。わたしがホメロスの『デメテル讃歌』の一節を読み上げるのに耳を傾けた金髪の大学院生は、「ぜひ合唱隊にお迎えしたい」と言ってくれた。

　ギリシャ悲劇を原語（あるいは、そのように体裁を整えたもの）で演じるのは、大学の昔からの伝統だ。1881年にハーバード大学で学生たちが『オイディプス王』を原語で上演した際には6,000人もの観客を集めたそうだ。バーナード・コロンビア・ギリシャ語劇部（現在では、バーナード・コロンビア古典劇部）は、1976年から77年にかけての学期中に設立され、エウリピデスの『メディア』を舞台にかけた。その劇に出ていた、マシュー・アラン・クレイマーという学生が次の夏に事故で命を落としたことを受けて、彼の家族は「息子が愛したギリシャ語劇の発展のために」と記念基金を設立した。わたしははじめてのギリシャ旅行の前に、同部によるエウリピデスのサテュロス劇、『キュクロプス』公演を観ていた。その劇は、キュクロプスがステージ上で騒ぎ回ってハープシコードの前に座り、ラモーの《キュクロプス》という愛らしい曲をつまびく場面で幕を開ける。ひと目見た瞬間に、わたしは魅入られた。

『エレクトラ』の初回読み合わせを英語でおこなうために、わたしたちは監督に任命された学生のアパートメントに集まった。それはコロンビア大学のちょうど南にある、アパートメントの建物やフラタニティ・ハウスが連なる一画にあった。わたしたちそれぞれが持ってきた翻訳はてんでばらばらだった。これはエウリピデスの大傑作とはいえないのではという印象をわたしはもった。エレクトラとオレステスの姉弟は、ママを殺る悪だくみをするガキどもにしか思えなかった。わたしたちのエレクトラは、ラヴィニアという名の、堂々とした身のこなしの大学院生で、母親はダンテ学者、父親は数学者という、そうそうたる学者一家の出だった。オレステス役の学生はどことなくグレゴリー・ペック似で、『エウメニデス』でもオレステスを演じたことがあり、そのときラヴィニアはアテナ役だったそうだ。ラヴィニアとエレクトラ役を争った学部生はクリュタイムネストラ役となった。つまり、ラヴィニアに殺される運命となったというわけだ。

合唱隊は、乳を飲んで育ったミュケナイの娘たちからなり、エレクトラの家に寄って、ヘラの寺院でおこなわれる式に参列するよう誘う。合唱隊は4人だった。ヒラリーという名の古典専攻学生は、舞台上では少々ぎこちなかったが、ギリシャ語文献をたくさん読んでいたので合唱をリードするよう言われていた。そして、ビザンチン帝国研究という独自の専攻を追求していた天使のようなブロンド。ギリシャ系アメリカ人なのに、アトレウス一家の悲劇についてはよく知らず、エレクトラとオレステスのたくらみを知って震えあがった女子学生。それに、わたし。

監督は、古典ギリシャ語が理解しやすくなるようにと頌歌の楽譜とカセットテープを配ってくれた。合唱隊の練習は他の役者たちとは別に、振付担当と一緒におこなうことになっ

ていた。音楽の伴奏については、何も決まっていなかったので、わたしはプロデュース係に弟の電話番号を伝えた（当時弟は「彼」だった）。弟はハープが弾けたのだ。

　合唱隊の最初の難関はセリフの暗記だった。みんな復古発音がまとめてある表を使っていたのだが、わたしはそれを見下していた。物知らずにも、ケンブリッジだとかイエールの学者や言語学者が考案したものよりも、現代ギリシャ語の発音を参考にしたらいいじゃないかと思っていたのだ。もっとも、復古発音のなかで、「オイモイ」にあるような「オイ」の発音は気に入っていた。これは悲劇によく出てくる感嘆の言葉で、だいたい「Woe is me 悲しいことだ」だとか、イディッシュ語の「Oy vey やれやれ」に相当する。古典ギリシャ語でよくある母音がつづく発音は、現代ギリシャ語では簡素化されていて、どれも同じように発音される。あるいは、詩人・作家のジェイムズ・メリルが、初期の小説『デロス島ノート』で否定的に書いているように、「現代ギリシャ語は脳梗塞に苦しんでいると言える。古典の時代には、「オイ」だとか「エイ」としっかり発音されていた母音が、いまではか細くて弱々しい「イー」に置き換えられているのだから」。

　古典ギリシャ語は読むというよりも解析するもので、別々の文章から構成要素を探り出して、文のなかのどの部分が関連しているのかを観察する。英語の文は、主語−動詞−目的語という、予測可能なパターンに収まっている場合が多い。いっぽう、ギリシャ語の文では、文末の形容詞が冒頭の名詞を修飾でき、そのあいだに重要な動詞を頂点として単語がピラミッドのようにつみ重なる。合唱隊がマスターしなければならなかったのは、複雑きわまりない5つの頌歌と、ひとつの嘆きだったので、わたしは古典ギリシャ語の辞書に目を通し、翻訳を比較するのに何時間も費やした。その公演で使用

することになっていた公式な翻訳は、エミリー・タウンゼント・ヴァーミュールによるものだったが、当時コロンビア大学で教えていた、モーゼス・ハダスによる散文形式の翻訳を監督が持ち歩いているのにわたしは気づいた。どうやら古典学者は直訳が好みらしい。ある翻訳者はギリシャ語の韻律の再現に挑んだ結果、悶絶しているとは言わないまでも、ぎこちない英文を生み出していた。ギリシャ語文法は英文法とはまったくちがう、ただそれだけなのだ。ギリシャ語にどっぷりつかっていると2種類の態度を取るようになる。まず、どの翻訳もギリシャ語原典の美と精妙さをとらえ切れていないね、と気取り屋になる。次に、自分で翻訳を試みて、誰から見ても褒められるようなものはできないと知り、自分がまちがっていたと認めざるをえなくなる。

　頌歌を歌う際の振り付けはシンプルなものでなくてはならなかった。そもそもわたしたちは踊り子ではなかったし、観客全員がギリシャ語愛好家ではないのだから、なるべく文字どおりの意味を伝えなくてはならなかったのだ。わたしたちはバックダンサーのごとく、腕を揺らしてスフィンクスを演じ、目に見えないボートを漕ぎ、浴室での殺害の場面を語り直しながらアガメムノンの首に斧を振り下ろした。万が一上演中に何らかの邪魔が入っても（たとえば、セットが崩れたりだとか、アムステルダム・アヴェニューを救急車が騒々しく走り抜けていったりだとか）、合唱隊が落ちついて歌い続けることで劇を進められるように、セリフはすべて暗記するよう監督から申し渡された。

　ある晩、弟がハープを持って稽古場に現れた。プロデューサーに呼び出されてもう監督とは会ったという。「あの人、こういう仕事に向いてないよね」と弟は笑いながら言っていた。監督は見るからにナーバスになっていた。聞いたところ

では、その春学期の試験に合格できるかどうかに大学に残れるかがかかっていたのに、勉強はそっちのけで公演に力を入れていたのだとか。音楽と合わせた最初の稽古で、監督はボールペンを手に持ち、おおげさな身振り手振りで指揮をおこない、テープでひと続きにつなぎ合わせた楽譜のページを誰かがつかんで、それが床に散らばったのをなすすべもなく見ていた。稽古外で、わたしは弟にギリシャ語のアドバイスをした。単語を音訳して意味を教え、セリフを理解していなくても言葉の響きや、どの言葉が重要なのかがわかるように助けたのだ。担当する仕事を完璧にこなすために弟はできるかぎりの実用的な工夫をした。コンパクトにした楽譜を糊で厚紙に貼りつけ、譜面台から落ちないようにした。ハープのためのチューニング表を用意し、自信満々に見えるように黒い服を新調した。

　間合いを覚えるために主役たちとの稽古が始まった。ラヴィニアがまず冒頭のエレクトラのアリアを甲高い、情感を込めた声で歌い、最後にはオレステスが加わって二重唱となり、そこに合唱隊が入ってコンモスという儀礼的な嘆きの歌を歌った。「この部分はぞっとする感じで」と監督が言った。つまり、チェーンソーで誰かが殺されたみたいに、衝撃的で血しぶきが飛ぶような感じで、ということ。クリュタイムネストラは斧を振り上げる殺人鬼なのだから。

　稽古が終わるとわたしはいつも弟と一緒に帰り、途中でバーに寄った。わたしはただ飲みたいだけだったのに、練習は欠かしちゃだめだと弟から諭された。ある日、弟はラヴィニアと合わせるために稽古場に残ることになったので、わたしはひとりでブロードウェイへ向かった。オレステスの帰還を祝う頌歌を心のなかで繰り返しながら角を曲がると、当のオレステスが監督と連れだって現れた。開いたわたしの口か

ら、ギリシャ語がこぼれた。「Ἔμολες ἐμολες, ὦ...」わたし
の言わんとするところを、ふたりは完璧に理解した。「お前
はついに来た、ついに来た。この日をどれだけ待ちわびた
か。お前の持つその光で、この国にもたいまつの火がともさ
れた」——すると、一緒にピザでも食べようと誘われた。

　エウリピデスのおかげでわたしの生活は一変した。その期
間は脚本のなかに生きていたも同然で、お風呂に入っていて
も、地下鉄に乗っていても、夜自分のベッドに入っていて
も、ことあるごとにセリフをおさらいした。各種支払いだと
か、植物の水やりだとか、皿洗いなんかどうでもよくなっ
た。普段と変わらず出勤して校正の仕事はこなしていたが、
ときどき自分は古都アルゴスからやって来た異邦人で、ミッ
ドタウンにあるこのみすぼらしいオフィスに置き去りにされ
たのではないかという思いに駆られる瞬間があった。校正刷
りを丸めてプレキシガラスと革の筒に入れ、2階上の制作部
に送り、そこからシカゴの印刷所にファックスで送るという
普段のやり方が、突如として妙なことに思えてきた。あとど
れだけこんなことがつづくの？

　ある晩、夢のなかでわたしは何か文字が書いてある古い陶
器の破片を手にしていた。稽古に向かう途中で教会の前を通
りすぎたときにその夢を思い出し、古代ギリシャ語は聖書
（βίβλος がもとになっている）みたいだと思った。それは人がい
ちばん知っておかなければならないことを後世に伝える、過
去の記録なのだ。

〰〰

　ムッソリーニへの資金提供の見返りに寄贈されたという噂
のある、重厚な似非のアンティークで飾られたカーサ・イタ

リアーナという建物内のテアトロ・ピッコロで『エレクトラ』はついに公演初日を迎えた。舞台の上方にはウェルギリウスの言葉が掲げてあった。舞台上には干し草がまかれ、子どもによる降誕劇みたいだった。ペプロス（くるぶしまで覆う、肩のところで留めるしわの寄った筒状の衣装で、色は赤、黄色、青、オレンジ）をまとった合唱隊は後列に座って出番を待った。ハープが4小節繰り返して合図を出すと、わたしたちはたがいの手をぎゅっと握り、みんなのシナプスがつながってセリフを思い出せますようにと祈りながら波のようにゆらゆらと舞台裏の通路を歩いていった。

　アガメムノン王が絶命する際の叫び声を再現する箇所でセリフを思い出せたのはわたしだけだったので即興で独唱することになった。「わたしを殺すのか？」次いでクリュタイムネストラが叫び、舞台裏で騒音が聞こえ、手を赤く染めたエレクトラとオレステスが入ってくる。遺体が舞台の上に打ち捨てられているさまは監督の望みどおり、身も凍るような不気味さで、子どもっぽい降誕劇風のセッティングとちぐはぐだった。劇の最後には、クリュタイムネストラとヘレネの双子の兄弟、カストルとポリュデウケスが上からではなく（クレーンを使う予算がなかったのだ）舞台袖から登場し、母親殺しを非難した。カストルを演じたのはギリシャ系キプロス人のディミトリオス・イオアニディスで、彼の口からこぼれたセリフは母語を話しているかのような神がかった威厳があった。

　わたしの頭のなかで繰り広げられていた壮大なスケールに比べて、観客はがっかりするほど少なかった。劇のチラシにはこうあった——「エウリピデスの『エレクトラ』、ご家族全員で楽しめます！」わたしたちは木曜日から土曜日にかけて4回上演し、金曜日には昼上演もあった。どの上演も完璧とは言えなかった。上演を終えるごとに、わたしと弟は交代で

有頂天になったり、落ち込んだりした。わたしは、魔法の力を感じないと不満をこぼした。すると弟は、「それは残念だったね。でも、姉さんの気持ちなんて誰も気にしちゃいないよ」とのたもうた。「姉さんは魔法が感じられなくたって観客がそういう気持ちになることはあるかもね」。

　公演最終日にエド・ストリンガムが職場から何人か引き連れてやってきた——なにしろ、わたしは彼の弟子なのだ。というわけで観客に『ニューヨーカー』ご一行が紛れ込んだ。一社員の、ギリシャ語のコーラス・ガールを務めるという道楽を、その雑誌が長きにわたり支援してくれていることを知る人はいるだろうか。わたしは「街でのできごと」欄担当者を説得して、わたしたちの公演のささやかな宣伝を掲載してもらった。わたしのギリシャ語の先生、ドロシー・グレゴリーとローラ・スラットキンも古典学者ご一行とともに観客席にいた。あの人たちなら合唱隊の頌歌をその場で理解できると監督が言ったので、わたしは緊張した。その晩、合唱隊4人のうちふたりがタイミングを数えまちがえ、ほかのふたりは頑固にそれに合わせなかったので、わたしたちはよろめきながら舞台に現れた。でも、それでよかったのだ。真新しいプリムス・フューリー〔1950年代から70年代にかけてクライスラー社が販売した車で、ローマ神話の復讐の女神フリアイ、ギリシャ神話のエリーニュスにちなんで名づけられた〕の初運転で軽くぶつけてしまったみたいなもので、なにもかも完璧でなければという重圧が取り除かれたのだから。それからより自由に、大らかな気持ちになった。頌歌と頌歌のあいだではセリフを聴き取るのに集中できた。エレクトラ、オレステス、クリュタイネムストラが何を話しているのか理解できなくても、ギリシャ語の響きを聴き取ることならできた。上演を重ねるごとに理解が深まった——ひとつひとつの単語、所有格の文末、呼格の屈折

（クリュタイムネストラの "ὦ παῖ" ——「ああ、わが子よ」というセリフとか）。劇の終盤で、クリュタイネムストラが愛しいわが子たちによって仕掛けられた罠へ身を投じる直前、オレステスとエレクトラは舞台手前にやって来て言い争う。オレステスが妹に弱音を吐いているのがはっきりと聞き取れた。「でもぼくはママを殺したくない」。それにたいするエレクトラの答えも聞き取れたが、ギリシャ語ではまったく意味が通じない。そもそも、意味が通じるように意図されていないのだ。エレクトラはオレステスにどうして母親を殺さなければならないのかを説き、彼女の復讐心よりも古くから存在する神聖な掟である、「汝殺すことなかれ」（とりわけ汝の母親を）を破ってでも母殺しをやり遂げるよう迫る。

　とはいえ、エレクトラに同情する気持ちがないわけではない。彼女にはそれ以外の選択肢がなかったのだと、わたしは解釈した。母親をひどく憎むあまり、亡きものにしないかぎり心安らげなかったのだ。ところが、母親を殺してしまうと事態は良くなるどころか、悪化の一途をたどる。さながら、自分の目に狂気に駆り立てるものが宿っていて、それから気をそらし、なんとかやりすごすのではなく、目そのものをえぐり取ったあとになってはじめて、何かが目に宿っているのは目を失うことよりもはるかにましだったと気づいたかのように。

　わたしは次の授業で、スラットキン先生に気づいたことを伝えた。すると、先生はそれが「アナグノリシス」の好例だと教えてくれた。これはアリストテレスの用語で、登場人物が自らの真実に劇のなかで気づく転機を意味する。オレステスはエレクトラの悪だくみを拒絶した——まちがっているとわかっていたから。それなのに、エレクトラは彼を脅して実行させる。わたしはなんとなく、自分の家族のあり方をそこ

に見た気がした。わたしは子どものころ、弟に自分の言うことを聞かせて、母にたいする反感を共有しようとした。さいわい、弟はわたしになびかなかった。そして、ノリス家で流血の事態が起こることはなかった。

◎◎

その翌年がわたしの悲劇女優としてのキャリアの最盛期だった。なんと、『エレクトラ』の合唱隊から『トロイアの女』の主役に抜擢されたのだ。今度もエウリピデス作で、わたしが与えられたのはトロイアの王妃、ヘカベの役だ。カサンドラを演じたいとかねがね思っていた——気の触れた娘というちょい役はわたしにぴったりのはず。でも、わたしは33歳の「社会人特別学生」だったので老婆の役、可憐な乙女であるカサンドラはスレンダーな学部生が演じることになった。学生ながら抜け目のない監督は、もしわたしが演じないのなら、ヘカベ役は昨年の公演で合唱隊にいたヒラリーにお願いすることになると言った。それだけは何としてでも阻止せねばならなかった。

ヘカベは劇の進行役だ。トロイア陥落後、彼女が横たわっている場面から劇は始まる。ヘカベは、息子のヘクトルと夫のプリアモス王を戦《いくさ》で失った。この劇はトロイアの女たちから見たトロイア戦争の悲惨な後日譚で、その終焉が描かれる。今度もまた、あらすじは時系列に沿っている。ヘカベの娘のカサンドラとヘクトルの妻のアンドロマケが舞台上に出入りする。ヘカベの宿敵ヘレネは、元夫のメネラオスと再会する場面で登場する。ヘクトルの遺児でまだ幼いアステュアナクスは、長じて王国を再興するおそれがあるとされ、ギリシャ兵によってトロイア城の塔の上から突き落とされ、遺体

は祖母ヘカベに引き渡される。ギリシャ系キプロス人の友人、デメトリオスが演じたアガメムノン王の使いの者タルテュビオスはヘカベに同情を示す。この劇は比較級と最上級の良い練習になる。冒頭のヘカベの悲しみは劇が進むにつれてますます深まり、ついに彼女はこの世に存在するもっとも悲しい女性になる。

　ヘカベ役はとにかく暗記芸だった。各場面に長ったらしいセリフがあるのだ―― 40行かそれ以上の古典ギリシャ語のセリフが延々と連なる。わたしはまず、アステュアナクスの遺体に覆いかぶさる最後の場面のセリフから覚えはじめた。はじめから順を追ってセリフを覚えていったら最後が苦しくなるのは目に見えていたし、その場面はクライマックスで、そこでヘカベの悲運は極まる。わたしは娘であり姉妹だったから、エレクトラならまだわが身を重ねられた。でも、ヘカベとはどんな共通点が？　彼女は妻であり母であり王妃だ。そういえば、父が母のことを王妃（クイーン）と呼ぶことがあったっけ。

　子を亡くした嘆きなら、あちこち探さなくてもよかった。いまでも母の語る声が聞こえてくる。パトリックの葬儀が済んだあとで、きょとんとしたわたしが父の膝によちよちと歩いていって、「わたしはまだここにいるでしょ――わたしじゃだめなの？」と言ったのだとか。すると父は「お前はいい子だよ、メアリー」と答えた。それから、ある日心配そうにしている弟が玄関のところでわたしを迎えて、「ママがパトリックの形見を取り出して泣いてる」と言ったときのことは忘れられない。幼いころからずっと、パトリックの死がわたしたちの生き方に及ぼした影響を言葉にしようと弟とわたしはもがいていた。

　わたしはアステュアナクスの場面のセリフを1日がかりで訳し、それを1行ずつ暗記していったので、暗くなるころに

はわたしの体内に膨大な量の未消化のギリシャ語の塊が埋め
込まれていた。まるで子豚を呑み込んだヘビになった気分だ
った。すべてのセリフをコピーしてインデックス・カードに
貼りつけた。こうしておけば、いつでもヘカベをポケットに
入れておける。プールで何往復も泳ぐときは、1往復するご
とにセリフをひとつ追加した。最後に、ヘレネに怒りの言葉
をぶつける場面を頭に叩き込んでいたら、膝の上にいた猫が
おびえて降りてしまった。飼い主がなぜそれほどまでに怒っ
ているのか理解できなかったのだ。ギリシャ悲劇作家におけ
るエウリピデスの序列はかつてアイスキュロスとソフォクレ
スの次だとされていた。だが、アイスキュロスは抜かりない
作家だ。パニックにさえなっていなければ、筋道立てて次に
来るものを考えれば忘れかけたセリフも思い出せたのがその
証拠。

　心配だったのは、アステュアナクスの場面になっても悲し
む余地が残っているように悲しみの配分をどうしたらいいか
ということだった。1971年の映画《トロイアの女》ではキャ
サリン・ヘップバーンがヘカベを演じていた。ファンだった
ので、彼女が出演している映画のリバイバル上映があれば、
わたしはかならずタリア劇場に観に行っていた。でも、《ト
ロイアの女》は観過ごしていたし、自分がその役を、彼女の
ような立派な頬骨があるわけじゃないのに死んだ言語を駆使
して演じなければならない状況では観る勇気がなかった。そ
れで、彼女に手紙を書くことにした。彼女が、E・B・ホワイ
トも昔住んでいた東40丁目のタートル・ベイに住んでいる
ことは知っていた。でも、映画《アフリカの女王》撮影時の
ことをヘップバーンが綴った回想録を出版したクノッフ社か
ら『ニューヨーカー』に移ってきたばかりの若い編集者が、
知らない人に住所を知られたらヘップバーンは警戒するだろ

うから、直接手紙を送るのではなく出版社を通したほうがいいとアドバイスしてくれた。「親愛なるヘップバーン」、わたしはまずこう書いて、自分の問題を伝えた——古典ギリシャ語でヘカベを演じなくてはならないのだと——そして、悲しみと美の極致であるバルトークとハンガリー民謡について、木について、という具合に高尚な話題をつづけた。ヘップバーンさま、多彩な演技の秘訣は何なのでしょう。わたしは喜劇ミュージカルに出た経験なら少しあるのですが、悲劇においてウケを狙うのはありなんでしょうか、とも。

さほど時を置かずに返事が届いた。手紙はレターヘッドのある便箋にタイプされていて、日付は1985年1月15日、キャサリン・ホートン・ヘップバーンという赤い刻印があった。「親愛なるメアリ・ジェーン・ノリス」とその手紙は書き出されていた（祖母のメアリ・B・ノリスと区別するために、この特別な機会にカトリック学校時代の名前を使うことにしたのだ。といっても祖母は女優ではなかったけど）。「《トロイアの女》を見逃したのは残念でしたね」。彼女はそう書いていた。彼女の揺れるあごや口調が心に浮かんだ。「もちろん、わたしたちだってウケ狙いはいたしました。それが唯一の方法ですね——とくにヘカベを演じるのなら」。そして、結びの言葉には、「幸運をお祈りします。大成功まちがいないでしょう」とあった。型破りなヘカベを演じてもいいのだとわかり、わたしは吹っ切れた。

このときもまた、エド・ストリンガムが連れてきた友人や同僚が観客をかさ増しした。彼はベアタも来るよう説得していた。60年代にエドのもとで働いていた女性だ——ふたりは一緒にギリシャのポピュラー音楽を勉強していた。ベアタは夫とともにロードアイランドから車で来てくれた。編集主幹オフィスや制作部の社員も来ていた。当時、コンデナスト社

が『ニューヨーカー』を買収しようとする動きがあったので、この緊急事態に直面してどうやらトロイアの陥落ががぜん興味を集めるようになったらしい。

　この公演の合唱隊は2名だった。いずれ劣らぬ極端な女性で、ふたりのあいだには、あらゆる女性らしい姿態が網羅されていた。たとえるなら、彼女たちはイタリアとフランス、月と宵の明星、アルテミスとアフロディテだった。舞台裏では、合唱隊の衣装の薄っぺらい桃色のシフトドレスを「バーガーキングの制服」と呼んでいた。ヘクトルの盾は成形プラスチックでできていた。そして、全トロイアを支える岩もプラスチック製。うっかりもたれかかると大地が揺れた。弟は、「自分にはどうにもならないことで悩むのは時間の無駄だよ」といつもと変わらぬ常識的なアドバイスをくれた。

　ヘレネを演じた学部生はドイツからの留学生で、赤味がかった金髪を長く伸ばしていたのだが、公演1週間前にばっさりと切ったので、わたしたちのヘレネはパンクロッカー風だった。ヘカベはヘレネを嫌い抜いている。そして多音節からなる侮辱の言葉をヘレネにぶつける――「ὦ κατάπτυστον κάρα」と。これはせいぜい、音節を減らして「このあばずれ！ You Slut!」としか翻訳できない。パリス／アレクサンドロスがヘレネを無理矢理拉致したのだという噂を否定するために、ヘカベは「スパルタ人のなかで叫び声を聞いた者は？」と問う。すると、観客の女性がひとり笑ってくれた！（ヘップバーンならよくやったと思ってくれるはず）。あとでメネラオスを演じた役者が、脚本を無視して、ついヘレネをわたしに引き渡しそうになったと打ち明けてくれた。「きみは相当怒ってたからね！」そのセリフを言っているあいだ、わたしの肝臓から胆汁が干上がるような気分だった。わたしは身体のなかの憎悪や辛辣さをすべて出し切ったのだ。

アステュアナクスはふたりの男の子が交代で演じた。ひとりはひょろっとしたプエルトリコ系の少年で、わたしの腕のなかに軽々と入ってきて舞台上でくたっと愛らしく横たわった。もうひとりは、古典学の先生の8歳になる息子で、体つきはがっしりしていた。命の灯が消えたその身体に覆いかぶさり、最後のセリフを言おうとして、わたしが彼の身体を舞台上に横たえると、その子はさっと脚を組んだ。稽古で毎回そうするのだ。それはやめてほしいと、わたしたちは彼に頼んだ——監督は指示を出し、父親は命令した——ところが、男の子にもどうにもならないのだった。わたしに去勢されるんじゃないかとおびえるあまり。観客から忍び笑いが漏れた。最終公演でわたしはその子を横たえるときに、わざと脚を組んで、それがトロイアの埋葬の儀式であるかのように振る舞った。

　ラストシーンで、ヘカベは「野蛮人にたいする砦」であるトロイアに最後の別れを告げる。それまでの一連の嘆きを終わらせる嘆きの声を発するのだ——「おっとっとっとい！」と。ヘカベは燃え盛る街に身を投げようとするが、タルテュビオスがそれを制し、合唱隊が立ちはだかる。なぜ彼女がこんな行動に出たのか、その動機をわたしは理解できない。自らが君臨した伝説の都を追われる王妃の心情なんて、わたしのどんな経験と比べればいいんだろう。わたしの祖母は80の齢を超えてから、それまで住んでいたクリーブランドを離れ、夫に先立たれた娘と同居するためにサウス・カロライナ州クレムソンに引っ越してゆかなくてはならなかった。そのときは悲しかったけど、悲劇ではなかった。

　そうだ、ようやく思い至った。いままさに、『ニューヨーカー』がコンデナスト社に買収されようとしているではないか。友人であるピーター・フライシュマンにとって、彼の一

族が築いてきた会社の経営権を失うのがいかにつらいことなのかこの目で見てきたではないか。彼の父親のラウル・フライシュマンは1920年代の『ニューヨーカー』創刊当時からの出資者だった。ピーターは『ニューヨーカー』という雑誌じたいも、彼が継承し育ててきた、経営陣と編集部を分けておくという伝統や、編集長のウィリアム・ショーンとの関係もすべて誇りに思っていた。彼は執筆者たちを愛していた。ピーターは、あのJ・D・サリンジャーのように第2次世界大戦中にバルジの戦いに参加した。その凄惨な体験を語る復員兵はほとんどいない。解放後にピーターはパリでA・J・リーブリング〔米国の作家、ジャーナリスト〕とシャンパンを飲み交わしたという。わたしはピーターの話に耳を傾けるのが好きだった。あるとき彼は咽頭がんになった（ヘビースモーカーだったのだ）。外科医は彼の命を救えても声までは救えなかった。それからピーターは発話用チューブを使わなければ発声できなくなった。このチューブは医療の奇跡だ。一見何の変哲もないマイクのようだが、ひとたびピーターがそれを喉に押し当てると振動して、なんでも言いたいことが言えた。だたし、ロボットみたいな声だったけど。彼はそれを「僕のプープー」と呼んでいた。もともとピーターは口数が少なく、口を開けばキレッキレの悪態ばかり飛び出した。だから、彼がプープーを取り出して、喉元に押し当て、「まったくクソみたいにそのとおり YOU'RE FUCKING WELL TOLD.」とお気に入りの決めゼリフを吐くのを聞くのはとりわけ痛快だった。

　あるときわたしが『ニューヨーカー』が「売られる」と言ったら、ピーターは憤慨して、「俺はこの雑誌を売りに出した覚えはない」と答えた。「乗っ取られたんだ」。取締役会の誰かがニューハウス一族に大量の株を売り、さらに一族はほかに

も株を買い足していって、ある日突然ピーターとその一派は多数派ではなくなった。ピーターは乗っ取りをできるだけいさぎよく受け入れることにした。「イースト王」フライシュマン〔フライシュマン一族はもとはイースト会社経営で財を成した〕はビジネスマンだから、そうなったら喜んで株を売却するだろうと誰もが思っていた。だが、フライシュマンは友情に厚い、一本筋の通ったビジネスマンだった。株主のために利益を出す義務があると彼は考えた。ピーターにとって『ニューヨーカー』の買収は甚大な痛手だった。だから、「野蛮人にたいする砦」とは、わたしにとってはトロイアとの別れであり、ピーターにとっては『ニューヨーカー』との別れを意味していた。

　ギリシャ語でよくあるように、類義語を並べて、「いよいよ最後の、行きつくところまで行った終わり」だとヘカベは宣言して、トロイアの女たちは船へと曳かれていく（もしくは、プログラムにあったように「チップ」へと。ちなみにわたしはこの公演の校正担当者ではない）。そのときヘカベは、彼女たちに唯一残っているものは、この喪失体験がやがてすぐれた物語として後世に伝えられるという知識だと合唱隊に告げる。「なんて辛辣なセリフなの！」合唱隊のひとりにその部分を訳してあげたら、そう返ってきた。ささやかで、冷酷なそのなぐさめをヘカベが受け入れる瞬間は美しいと思った。でも、きっとわたしはまちがっていたのだろう。彼女の宿敵アキレウス〔ヘカベの息子ヘクトルはアキレウスに討ち取られた〕のように平穏無事に長生きをして、劇や詩のなかで不死身の存在となるよりも、ひっそりとこの世から消えたかっただろう。

　翌週出社すると、「劇はどうだった？」と同僚に聞かれた。「素晴らしかった」と答えたら、彼はいたずらっぽく、「きみも？」と尋ねた。わたしが素晴らしかったということではなくて、劇そのものが素晴らしい体験で、極上のセラピーにな

ったのだとは彼にわざわざ説明しなかった。それからの数日
間、わたしはもぬけの殻だった。ゼウスが妻のヘラをオリュ
ンポス山から吊るしたように、19階の窓から足首を持って吊
るしてやりたいと前から思っていた職場の宿敵（舞台上でヘレ
ネにたいして叫んだときは彼女にたいする怒りを燃やしていた）も、
小さな耳をして粋な服を着た、害のない同僚にしか見えなく
なっていた。わたしは演劇の神である、エウリピデス、アポ
ロン、デュオニソスにわが身を差し出し、神々はわたしの賞
賛を受け取ってくれた。

第6章

アフロディテと泳ぐ

［Swimming with Aphrodite］

「どうしてみんなキプロスに行きたがるのかな」と、ある男性に聞かれた。友達の友達で、たまたま精神科医だった。「世界でいちばん美しい場所だから」と、わたしはためらわずに答えた。キプロスは、美と愛とセックスと欲望の女神であるアフロディテ生誕の地なのだ——そんな場所が美しくないはずはない。誰だって一目見てみたいと思うんじゃないの？　わたしはギリシャ旅行から戻ったばかりで、プリンストンでおこなわれたプール・パーティーに出ていた。その彼は旅行に行くなら8月で、ガイド付きツアーが好きだという。その夏もサハラ砂漠で熱気球に乗ってきたそうだ。良く思われたかったら、せめて足をきれいにしてくるべきだったかも。前日の土砂降り雨のせいで靴の染料がわたしの足を紫色に染めていたのだ。でも、そんな気はなかったから、そのままプールに飛び込んだ。

　ご存じのようにキプロスは紛争地帯だ。1963年以来、ギリシャ系とトルコ系住民のあいだで対立がつづいている。でもこれは、キプロスにおける長い長い争いの歴史を考えたらほんの小競り合いにすぎない。そのせいでかえってキプロスはわたしにとって魅力を増した——抗えない、と言ってもいい

ぐらいに。キプロスは、戦いと美の、衝突と欲望のまさに中心地なのだ。ミシュラン・ガイドの言葉を借りれば、「寄り道する価値は充分にある」——わたしの場合は、アテネからイスタンブールへ向かう途中に地中海上で1,000キロ寄り道するということ。

　わたしと美（と愛とセックスと欲望）との関係はいつだってこじれていた。鏡をのぞき込めばかならず欠点が目についた。丸　顔　で赤鼻で二重あごで、前歯のあいだに隙間がある。化粧をすれば、まるでピエロ。化粧というのは所詮その人の素の特徴を強調する働きしかないのだから、そもそも魅力がなければ意味がない。平凡きわまりない見てくれの女たちが職場の女性用トイレの鏡の前でせっせとおめかしするのを見て、わたしはいつだって疑問に思っていた。時間の無駄なんじゃないの？

　美にはお手入れや入浴が欠かせない。美容院やドライクリーニング店はアフロディテにちなんで名づけられる（アフロディテのローマ神話版のヴィーナスにも）。通俗語源（わたしの好物だ）によると、この女神の名前には「泡から生まれた」という意味がある。天空神ウラノスの男性器が切断されて渦巻く海面に落ち、そこからアフロディテが生まれ出たとヘシオドスは書いている。ところで、愛の女神が湯浴みから立ち上がったあとでその浴槽を掃除するのは誰なのだろう。

　わたしは献酒をするとき、パンテオンの神々全員を味方につけられるように名前を念じていた——ゼウス、アテナ、アポロ、ヘルメス……ところが、アフロディテはしょっちゅう飛ばした。それなのに、家の大掃除に取りかかるときには敢えてアフロディテに祈願した。生きているかぎりつづく、清潔を保つ仕事を見守ってくれる女神は彼女のほかにはいない。アフロディテは掃除婦の守護神だったよね？　わたしが

美と愛とセックスとの関係をこじらせていたとしたら、それはこんな風に考えてしまうせいだった。

　崩れかかった遺跡がそこらじゅうにあるギリシャでは掃除は真剣勝負だ。家庭の主婦は延々と床掃除ばかりしている。ギリシャ語で箒は「スクパ」、エーゲ海の島々のスーペルマルケットでは、σκούπα だけで一列を丸ごと占領している。アストリア地区でギリシャ系の大家の物件に住んでいたことがある（例のイタリア人兄弟の家から引っ越したあとに）。彼女は雨が降ると、絶好のチャンスとばかりに箒を外に出して舗道をごしごしと洗っていた。耳ざわりな音を立てて掃除にいそしむ彼女を見ていると、魔女とその箒を思い浮かべずにはいられなかった。ホメロスの『オデュッセイア』には、英雄オデュッセウスを自分の島に7年間留め置いたニンフ、カリプソが登場する。捕虜となったオデュッセウスを風呂に入れ、誘惑と情事の支度とばかりに楽しそうに箒をクルクル回して土の床に模様をつけながら、棲み処の洞窟を掃除するカリプソの姿が思い浮かぶ。

　ヘラクレスの力仕事の多くが掃除にかんするもので、彼はそれをさも簡単そうにやってのけて人の目を欺いた。たとえば、アウゲイアス王の牛小屋をきれいにするために川の流れを変えて牛小屋に通すだとか。現代の掃除用品売り場では、この半神半人は頑丈な洗濯ロープに姿を変えている。いっぽう、汚れと闘う万能の戦士として世界的名声を得たのは一介の人間だった。その名は、アイアース〔Ajax＝アメリカで一般的な多用途洗剤エイジャックスのこと〕。彼は皿を洗い、浴槽内にこびりついたよごれを取り、窓だってきれいにする。トロイア戦争の偉大な英雄はキッチンの流しの下にあるカクテル瓶や、トイレの奥のクレンザー缶のなかにいる。アイアースが自ら命を絶ったのも無理もない。

　伝統的にアフロディテ生誕の地はペロポネソス半島沖合にあるキティラ島だとされている。たいして大きな島ではないし、女神もこだわりはなかったようだ。アフロディテにはもっと大きな舞台がふさわしい。彼女はキプロスを選んだ。というよりも、キプロスが彼女を選んだ。青色に囲まれた、息を呑むほど美しい島であるキプロスには官能的な雰囲気の岩が転がり、銅の鉱脈が走っている。短い日程でできるだけ多くのものを見ようと、わたしはキプロスに渡った。アフロディテに捧げられた都市、パフォスにはローマ帝国時代のモザイクがあった。トロオドス山地の渓谷には、そこでしか見られない杉の固有種が生えていたし、ムフロンという野生の羊の一種もいた。スタヴロヴニウ修道院は猫だらけだった（この修道院にはコンスタンティヌス帝の母、聖ヘレナがエルサレムから持ち帰ったという真の十字架があると言われている）。紛争が目に見えるかたちで存在する首都、ニコシアにも行けたらと思っていた。そこでは、市街地への入り口であるシティ・ゲートから別のゲートのあいだに、青と白のギザギザの傷痕のように走り、首都を分断している緩衝地帯を国連から派遣された平和維持部隊が守っていた。

　この島の真の境界は海岸線であり、わたしはそこにいちばん魅力を感じた。島を取り囲む海に。それまでビーチには片手で数えるほどしか行ったことがなかった──エリー湖のエッジウォーターは当然として、ジャージーショア、ロングアイランド、メキシコ湾のベラクルス。キプロスに行けば、陽光が海面できらめき、貝の形に広がった波が先端を白く泡立てながら踊るように岸に打ち寄せる、目もくらむような美しさがどこまでも広がっているはずだった。ガイドブックに載っていた、ある「名所」にわたしは狙いを定めた。「愛の女神がここで水浴びをした伝説が残っている」。その名所

はビーチからほど近く、アフロディテの岩まで泳いでいけば永遠の美が手に入るという。わたしはアフロディテの海で身を清めてみたかった。

◎◎

　ヴェネツィアからやって来たソル・フリュネ号はイスラエルのハイファ行きだった。クレタ島からフェリーでロドス島に渡り、そこから甲板チケットで乗船した。バックパック旅のエリートたち（よく日に焼けた肌に小さなオレンジの水着をまとった美しい人びと）はサンデッキに陣取り、テントを張り、洗濯ロープを吊るして、犬にフリスビーを投げていた。まるでソル・フリュネ号を自分たちがチャーターしたかのようなふるまいだ。わたしの旅のスタイルは、バックパッカー精神と昔ながらの荷物の重さを組み合わせたものだ。身軽に旅をしたけれど、寝袋も水筒も持っていなかった。クレタ島で買ったストライプ柄の綿毛布とウィスキーを入れた容器は肌身離さなかった。

　古ぼけた排水管の下にあるすのこベンチが空いているのを見つけた。クレタ島からロドス島に向かうフェリーでは、船員たちとじゃれ合いながら一晩中起きていたので眠くてたまらなかった。このフェリーでは船長にブリッジに招待された。計器や装置がずらりと並び、そこでしか見えない航路を一望できた。甲板長は巻き毛の若者で、自分がいかに世慣れているかを印象づけようとして、「俺はフラッシングに46日も滞在したことがあるんだ」と言った。ニューヨークのクイーンズ地区のフラッシングのことだった。今度もまた、ひとり旅をしていると説明しなければならなかった。でも、うっかりアクセントを置く音節をまちがえて、「そんな言葉を使

っちゃいけない」と若い甲板長にたしなめられた。どうも、「わたしは旅をする女陰（カント）です」というようなことを口走ったらしい。

　甲板長はわたしを彼の船室（キャビン）に案内して、そこでわたしのセーターのボタンをいじくっていた最中に拡声器でブリッジに呼び出された。自分の席に戻ったら、たくましい体つきの船員がいた。彼に車両デッキに連れて行かれ、わたしたちはそこで誰かのサーブの座席でラジオから流れてくるギリシャ音楽を楽しんだ。彼も船室に案内してくれたのだが、かなり下層にあって、壁にはピンナップ写真が貼られ、成人雑誌がずらりと並んでいた。そして、そこで禁欲期間は（少なくともわたしの場合は）終わった。彼は碇の責任者だったから、港に入るたびにデッキに上がって碇を降ろさなければならなかった。朝になってそろそろデッキに戻りたいと思ったとき、彼がわたしの安全のために船室に鍵をかけていったことに気づいた。その場でパニクらないようにした──きっと彼はすぐに帰ってくる。それから内側から揺らしてなんとかフックを穴から外し、はしご状の階段をのぼって逃げ出した。ハッチからわたしが飛び出してきたので、ブリッジで持ち場についていた船長がぎょっとしていた。

　ソル・フリュネ号では、クレタ島で買った毛布にくるまってすのこベンチでウトウトしていたら、数名の若者に起こされた。ベンチのわたしの足元に若者たちが立っていて、上にある舷窓に手を伸ばしていた。四角くて平べったい、茶色い紙の枕のような包みを窓から引っ張りだして、デッキにたたき落としている。「それ、あなたたちのですか？」とわたしはギリシャ語で尋ねた（窃盗犯かもしれない相手にフォーマルな感じにすべきか、それともくだけた感じでもいいのかよくわからなかった）。「ギリシャ語が話せるんだね？」と、ひとりの少年が聞

163

いてきた。「少しだけ」わたしはそう言い、彼がつづけて言ったことがさっぱり理解できなくて、どれだけ少しなのかを身をもって示した。少年は翻訳してくれた。「こいつはクレイジーなやつで、ヘビを持っているんだ」。彼がつま先で包みを蹴ると中身が動いた。わたしは英語に（しかも原始的な英語に）切り替えて、「ヘビ_{ノー・スネイク}はいや！」と大声で叫び、そそくさと荷物をまとめて移動した。

その後、下甲板のナイトクラブの外に落ちつく先を見つけた。クラブではイスラエルの若者たちがパーティーを開いていて、バンドが60年代のアメリカのヒット曲、「ドアに鍵をかけよう（そして鍵は捨てよう）」を演奏していた。わたしがパジャマ・パーティーに興じていた時代の曲だ。バンドの演奏がようやく終わると、若者たちが引き続きタンバリンを打ち鳴らしたり、歌ったりしていた。そのとき爆発音が聞こえた――最初、誰かがヘビを撃ったんじゃないかと思った。でも、通りがかった人がようすを見に行って安心させてくれた。「爆弾だったよ」。この海域を航行する船で爆弾は珍しくないようだった。ソル・フリュネ号はこのときは沈まなかった〔元は戦後日本で青函連絡船「大雪丸」として就航し、ギリシャに転売されたソル・フリュネ号はその後 PLO に売却され1991年にアドリア海航行中に発生した爆発により沈没〕。

夜が白み、キプロスが姿を現した。

◎◎

ギリシャ側のキプロスの港町、リマソールでは、1台だけ残っていた（そう説明された）、黄色のフィアット500を借りた。そして60キロ西にあるパフォスに出発した。地図をじっくり眺めると、黒一色のキプロス島が白色の地中海に埋め

込まれ、ヨーロッパ、アジア、アフリカ大陸も描かれている。キプロスは東に向かって飛ぶ魔女のようだった。その魔女の、長くてとんがった帽子の先はトルコの海岸線に沿っていて、彼女を喜んで受け入れてくれるだろう湾を指しているようだった。トルコがキプロスをいまにも呑み込みそうだ。地図上ではキプロスはトルコ本土から分離したように見えるが、じつは海底深部の隆起によってできた島だ。キプロスで見かける岩は世界に類を見ない独特なものだ。キプロスは地中海上の要所に位置するため、この地域で覇権を握った代々の民族に支配されてきた。エジプト人、ギリシャ人、フェニキア人、ペルシャ人、ふたたびギリシャ人（アレクサンドロス大王）、ローマ人、コンスタンティヌス帝（ビザンツ帝国）、十字軍、フランス発祥のリュジニャン家、ヴェネツィア、オスマン帝国、イギリス人の支配ののちに激動の時代を経てようやく独立国になったのだが、その後ギリシャ、トルコ両民族主義の陣営に分かれたキプロス紛争が勃発した。

　イギリス統治時代の名残で、キプロスでは自動車は左側運転だ。標識はギリシャ語と英語、たまにトルコ語で、港が近づくとドイツ語、フランス語、ヘブライ語表記も増える。距離はキロではなくマイルで表示される。ガソリンはガロンではなくリッター単位で売られる。わたしは時速110キロで州間高速道路I-80を飛ばし、ペンシルベニア州を横断しながら大人になった。それで、リマソールからパフォスまで1時間以内で行けると踏んだ。途中でクリオンの古代遺跡に立ち寄った。アポロ神殿があり、斜面になった劇場からの眺めが素晴らしかった。ギリシャ人は建造物を配置する天才なのだ。神殿を守っていたのは、ティーンエイジャーの少年ただひとり。チケット売り場の外壁にかけられたラジオからはポップ音楽が爆音で流れていた。わたしは普段瞑想的な静けさ

を好んでいるが、アポロは音楽の神なのだ。この若者はアポロの代理人なのだし、わたしはいま、彼の縄張りにいる。昔は神殿の壁だった、とうの昔になくなった部屋を仕切る背の低い石の仕切りの上を歩いているうちに、この遺跡が歴史を伝えているのではなくて、わたし自身が過去に閉じ込められた幽霊になったような気がしてきた。

　運転を再開するころには陽が沈みかけていた。暗がりのなかでパフォスへの道がわからなくなるのが不安だった。車のヘッドライトがちゃんと点灯するかあやしかったのだ。それで、途中で道路脇に車を停めて確認することにした。道路が海を抱きしめるような地形になっていて、車を降りて振り返ったときの光景の素晴らしさといったら、ヘッドライトの点検をつい忘れそうになるほどだった。海には白っぽい岩が散らばり、陸が海へと伸びている。海は透き通った群青色で、背後の道は海岸線に沿ってうねり、なだらかな緑の丘のあいだに黒いリボンが通してあるようだった——道路の中央の、新しく塗られたばかりの白線すら添えられた飾りつけのようだった。あらゆるものが動きを止めて静まりかえっていた。あたり一帯が光り輝き、そこにあるすべての要素の形や色からエッセンスがあふれ出ている。自然の美は隅々まで身づくろいを怠らないのだ。その海岸はペトラ・トゥ・ロミウと言い、キプロスでのアフロディテ生誕の地として知られている。

　案の定、ヘッドライトは点かなかった。でも、わたしは土地の美しさにすっかり心奪われていたので、たいしてうろたえなかった。陽が暮れるなか、できるだけ白線に沿って運転を続け、夜が天鵞絨《びろうど》でできた漆黒の帳《とばり》を降ろすころ（ああ！）には、人気《ひとけ》のない商店街をのろのろと進んでいた。脇道に入って、灯りが点いている最初の家の前で車を停めると、その家の家族全員が外に出てきて道を教えてくれるかわりに全員

が1台の車に乗り込んで、わたしが泊まっていたホテル・デュオニソスまで先導してくれた。60キロのドライブに5時間かかった（アポロとアフロディテに参拝するために立ち寄った時間も含め）。

　2晩を船で過ごしたあと、ホテル・デュオニソスの部屋で自分だけの風呂に浸かるという贅沢を味わった。入浴を済ませて腹ごしらえをしようと外出した。ブズーキ〔ギリシャ発祥の撥弦楽器〕の調べがあるレストランから聴こえてくる。ブズーキや、その元型のリラという楽器は、ヘルメスがカメの甲羅に羊の腸の弦を張ってつくったと伝わる。ポロンポロンと特徴のある音がして、ギターよりもエキゾチックな雰囲気だ。店主は外に立って客引きをしていて、わたしを招き入れた。彼はおもてなし精神にあふれていた。まずキプロス・ブランデーの食前酒を出し、完璧な料理を並べた。刻んだキャベツとグリーントマトのサラダ、メカジキのスブラキ、フライドポテト、白ワイン。パブでフィッシュ＆チップスを注文するとくし形に切ったレモンがついてくるが、この店の料理には、スライスしたレモンが丸ごと1個ついてきて、店主がポテトやそのほかの料理にどうやってかけるのかを教えてくれた。キプロスではレモンが豊富に採れるのだ。

　そのレストランにいたのは、イングランドやウェールズから来たカップル数組と、レストランに魚を入れている漁師（彼の息子はブズーキを演奏していた）、それに船で釣りに出ていた浅黒い肌の男たちふたり。そのうちのひとりがわたしに色目を使いはじめたが、店主がそうはさせまいと邪魔していた。
「パフォスにはどれぐらい滞在されているんですか？」イギリス人男性が聞いてきた。
「1時間くらいですね」と、わたしは答えた。「そちらはどれぐらい滞在されてるんです？」

「わたしたちは明日の朝発ちます」男性と妻は2週間滞在したそうだ。わたしはいつだって、800キロ圏内にあるものを全部見ないと気が済まないタイプの旅行者なのだ。キプロスを目いっぱい見るのに3日しかなかった。その後リマソールに戻って、ロドス島行きの船に乗り、毎週月曜日に出航するドデカネス諸島行きの小型船を捕まえなくてはならなかった。わたしだっていつか成熟したら、ひとところに留まってじっくり味わうタイプの旅行者になるのかもしれない。でも、それはいまじゃない。

　店主の妨害をものともせずに、釣り人のひとりがわたしのテーブルに座り、ギリシャ語会話の練習相手になってくれた。彼は4歳児を相手にするようにゆっくりと、自分の名前はアンドレアスだと言ってきた。わたしはギリシャ語で「ライト」に当たる言葉を知っていた──「phosphorus 燐」の「phos」（φως）と関係する「フォタ」だ。しかも、壊れたヘッドライトのことになると流暢に言葉が出てきた。すると、たまたま整備士をしている彼の友人のグリゴリスに電話をかけて、車を見てくれるということになった。その晩のうちにφώτα を直せなかったら、翌朝グリゴリスのガレージに車を持ち込めばいいからと。ふたりにニコシアまで行く予定だと伝えると、彼らは訂正したうえで（ギリシャ系キプロス人は首都を「レフコシア」と呼ぶ）、わたしを思いとどまらせようとした。どうしてみんなレフコシアに行きたがるんだ？　滅茶苦茶になっちまった場所なのに。モルフからファマグスタまで、島の北部を占領したトルコ系のやつらが上等なレモンを奪っていった。ファマグスタ出身だったグリゴリスは、そこに住んでいる家族を訪ねるにも、まずコンスタンティノープルに行き、次にアンカラに行って許可を得なければならないそうだ。わたしは外国人だからその気になればトルコ側の区

域にも足を運べる——サラミスは美しい場所だと評判だ。でも、暗くなる前に戻って来ないとだめだ。「どうして？」とわたしは尋ねた。万が一に備えてヘッドライトは修理しておきたかったが、夜のドライブをするつもりはなかった。「誰も遺体を回収できないから」と、アンドレアス。

　夕食が済むと、ホテル・デュオニソスの外に停めてあった車まで、アンドレアスとグリゴリスが歩いて送ってくれた。2人はライトのスイッチが壊れているからと、ガレージまでの道をわたしに教えてくれた。彼らと別れて、わたしはホテルのロビーに戻った。現代的な蛍光灯がタイルの床を煌々と照らしていた。ロビーの椅子に座っていた男性がすっくと立ち上がって、わたしに近づいてきた。なんと、あのレストラン店主ではないか。どうやらわたしと会う約束を取りつけたと勘違いしたらしい。黒髪でやせた店主の目がぎらついていた。アンドレアスとグリゴリスから警告されていたんだった。彼のレストランは経営が思わしくなく、金はすべて妻に握られている、と。だからって、わたしに何を求めているの？　ロビーには人気がなく、受付デスクに係の姿もなかった。店主はわたしの肘をつかんだ。そして、寄りかかりながら「キスだけ」と言った。前にもそう言われたことがある。クレタ島でわたしをミノタウロスの洞窟の奥へ案内したミミも「キスだけ」と言っていた。クレタ島からロドス島へ向かう船の、たくましい体つきの船員も「キスだけ」と言っていた。何を意味するのかはお見通しだ。それは、装置全体のロックを解除する言葉。わたしは彼からあとずさり、廊下を走った。部屋のドアを開けると、肩を落としていた店主がそこに立っていた。そして、まるで情熱的な情事の末に別れたかのように、「どうして、そうしてこんな仕打ちを？」と哀れな声を出した。

男たち……わたしはなぜ男なんか欲しがったのだろう。そもそも、本気で欲しいと思っていたのか。その前の年なら、自分磨きに凝っていて、男性の目に魅力的に映るのを邪魔するものは一掃しなきゃと意気込んでいた。内側から美しくなるんだ。そして、相談する医者をリストアップした。耳（ota）、鼻（rhino）、喉（larynx）の問題は、耳鼻咽喉科医（otorhinolaryngologist）へ。癖になっているしわがれ声対策として、歌手を専門にする喉の医者。そして、ギリシャ旅行用にサングラスを新調するときに処方箋が必要なので眼科医。眼科に行ったら緑内障のおそれがあると言われ、収束不全の診断を受けた。それはすなわち、校正の仕事をつづけるのはよろしくないということを意味する。リストのなかで恐怖のあまり最後まで行き渋っていたのが婦人科医と歯科医で、結局婦人科がいちばん最後に残った。

　婦人科医がギリシャ人だった点は好印象でも、彼の外見は好きになれなかった。背が低く、頭は角ばっていて、ごわごわの剛毛が生えていた。妻も一緒に働いており、クマ並みの剛毛を受け継いだ息子が両親が働いているあいだ待合室で宿題に取り組んでいた。女性器の世界で家族が勢ぞろいしているのは妙な感じだった。

　「gynecologist 婦人科医」という言葉は古典ギリシャ語のγυνή に由来する。これは（呼格で）「ギュナイ」と発音される。喜劇俳優のジェリー・ルイスが「やあ、お嬢さん！」"Hey, lady!" と言わずにギリシャ語で叫んでいたのがこの言葉だ。現代ギリシャ語では、γυναίκα（ギネカ）という形の、よりなめらかな、唇を鳴らして発音する言葉になっている。このような語源のお荷物を背負ってギリシャを旅するうち

に、ギリシャ男性が見ているのはわたしの顔でも、目でも、髪の毛でもなく、婦人科医のように「ギュナイ」を拡大して見ているのではないかという気になった。

「ちょっと痛いですよ」内診のとき、婦人科医はそう断った。わたしは親指の下の肉厚の部分を噛んで耐えた。性生活について聞かれたので、「ありません」と答えた。禁欲主義者なんです、と（その当時、わたしはつれない男性に片思いをしていて、ふさわしい相手だと認めてもらえる機をうかがっていた）。これはある友人から聞いた話なのだが、婦人科医に性生活はないと伝えたところ、レズビアンだと決めつけられたのだという。「バース・コントロールについて医者に質問されたんだけど」、信じられないというように彼女は話した。「途中でやめて、『でも、あなたはレズビアンですから必要ないですね』って言われたの」。検査が終わると、わたしは診察室でギリシャ人婦人科医に「健康そのものです」と言われた。婦人科医はわたしの子宮頸部細胞が入った茶色い医療用瓶にゴムバンドをはめながら、探りを入れるように「本当に性交（relations）はないんですね？」と念押しした。「いいえ」とわたしははきはきと答えた。「身内（relations）なら弟がいます」。

　わたしはセラピストのところにも通っていたから、この笑える顛末を報告した。心理療法で最初に下された診断は（保険を使うには診断が必要だった）、「気分変調 dysthymia」だった。辞書に載っていなかったから、語源レベルまで解体してみた。「dys」は「eu」の対義語で「悪い」という意味だ。「ディストピア dystopia」といえば「悪い場所」という意味。「thymia」については、そういえば『イリアス』で戦いに敗れた兵士が「thymós」で敗北を感じていた。θυμός とは情熱が宿る座で、ギリシャ人たちはそれが胸にあるとした（英語で「thymus 胸腺」と呼ばれる器官は喉の下部にある）。「thymos」は精神、魂、

171

心、怒りを表す。気分変調という診断はつまり、わたしは落ちこんでいるということ。そんなのに治療法などあるのだろうか。

　この医者巡りについて語りだすと、セラピストはどことなく懐疑的な態度で耳を傾けた。わたしが抱えていた目・鼻・喉・声・目・歯の不調は、すべて「置き換え」なのであって、本当は生殖器に不安を抱いていたのではないかと彼女は指摘した。わたしは女性の身体が美しいと思えなかった。これまでセラピストの言うことは否定していて、自分の身体を恥ずかしく思うのはひとえに母のせいだと言い張った。口から生まれたわたしの母は7人きょうだいで、姉妹が6人、弟がひとりいた。「どうしても息子が欲しかったのに、女の子が次々と生まれちゃって」。母は自分の父親についてそう話した。「6回目の挑戦でようやく息子が生まれてね。そのとき父は母に『この子は俺のものだ——あとの子たちはお前が面倒を見ろ』と言ったのよ」。

　この話や、母がわたしの兄や弟をひいきする態度からわたしが学んだのは、女の子は家事をしなければ価値がないということ。わたしたちはアイアース、スクパ、ヘラクレスの洗濯ロープの奴隷なのだ。たしかにわたしは嫉妬していたけれど、ペニス羨望に苦しんでるわけじゃありませんからとセラピストに反論した。羨ましいことがあるとすれば、男は立ちションができるということだけ。それから、あるときとても重要なセッションがあった。当時、父がクリーブランドで大動脈瘤の手術を受けることになっていて、病院について話していた。わたしが病院を恐れるのは、そこで去勢されると思っているからではないかとセラピストは見立てた。「でも、具体的に何か起こったわけじゃないでしょう。わたしの、きん……には」口がすべったと気づいたときには、わたしはそ

の言葉──きんたま──を半分言いかけていた。

「ほらね！」とセラピストの顔が言っていた。フロイトが提唱した、使い古されたペニス羨望など関係ないと主張していたのに、ここに来てもっとたちの悪い、宇宙レベルのペニス羨望をもっているという事実がバレてしまった。男の子として生まれてきたはずなのに出生の際に去勢されたというファンタジーをわたしは抱いていると指摘された。そのファンタジーには、自分は価値のある存在だという信念を補強する働きがあるのだと。女性という存在は不完全であり、まちがっていて、何かが不足していて、醜い、とわたしは思い込んでいた。

　誰かがきんたまをちょん切って、その種をばらまき、そこから何かが生まれてくるというのは、神話ではよくある話だ。クロノスはウラノスにたいしてそんな仕打ちに及び、その結果泡のなかから生まれたのがアフロディテだ。そんなことは現実世界ではまず起こらない。女同士ならなおさら。セラピストの解釈はありえないと思ったけれど、多くを説明するものでもあった。ある冬の晩に、寒い屋外から戻ってきた父が母にこう言ったことがある。「寒くてきんたまが取れちまいそうだ」。わたしはその言い方をまねようとした──わたしだってきんたまぐらい持っているし、と思っていた。それって丸いやつだよね？　すると、母はゲラゲラ笑い出した。また別のときに、わたしがズボンのチャックを下ろすと、母に「男の子みたいにするのね」とからかわれた。母は部屋着の前の部分の布を小さく丸めて引っ張り、想像上のチャックを上げる振りをした。母のせいでわたしのきんたまは使い物にならなくなった。

　精神分析にははじめ週に1度通っていたのだが、そのうち本格的なフロイト派精神分析を受けることになって、1回50

分のセッションを週に5日、数年間継続したので、会社が気前よく負担してくれるメンタル・ヘルスのための福利厚生は人生2回分を使い切った。かつて、目頭にたくさんティッシュを押し当てながら出勤していたことがあった。本当は母のせいではなかったのだと、だんだん理解できるようになった——わたしと母のあいだには行き違いがあっただけなのだと。悲しみは怒りよりも深く、その悲しみの下には愛が隠れていた。そして、ようやくある春の日のこと。ギリシャ語クラスのあとでひと泳ぎして、わたしはコロンビア大学のキャンパス内で座って、固ゆで卵を食べながら小切手帳の帳尻合わせをしていた。ふと、小切手帳に書いてある名前が目に入った。祖母のファースト・ネーム「メアリ」と父のラスト・ネーム「ノリス」を組み合わさっている。女らしいその名前は、まちがいなくわたしの名前（それと銀行に預けてあるわたしのお金）。そのとき突然、わたしは何もまちがっていないと気づいた。わたしは不完全な男なんかじゃない。人類の半分と同じ、完璧な女なんだ。

◎◎

　ローマ帝国時代のモザイクを見ないままパフォスを去るわけにはいかなかった。それで、朝イチでホテル・デュオニソスをチェックアウトして、「考古学パーク」（古代史を学ぶ学生向けのテーマパークのような場所だ）への道をたどった。2000年前にここに住んでいたローマ人たちは、住居の床を石のモザイクで飾った。小さくて角ばった、彩色された石（テッセラという）が何百と敷き詰められて神話の場面を表し、その周りは自然の装飾模様で囲まれていた。発掘作業は進行中で、出土したものを展示するのにプレキシガラスを使わない良い方法はな

いかと考古学者たちは模索しているようだった。西暦2世紀の、裕福な著名人が住んでいた界隈にある住宅の床上1メートルぐらいのところにキャットウォークのようなものが格子状に組まれ、観光客はその上から家の居間を見下ろす。モザイクは埃だらけだったが保存状態は良好だった。石というのは、永遠とはいかないまでも、地球上のどんなものより長持ちする物質であるらしい。水をさっとかけてやれば、色彩がより鮮やかになって、やわらかい赤紫色、ぬくもりのある黄色、乳白色、濃い灰色、なめらかな黒がはっきりとわかるだろう。

　住宅の床はさながら石でできたタペストリーだった。驚くほど多彩な場面がそこに展開されていた。ミノタウロスを投げ飛ばした伝説のアテナイ王テセウス、竪琴をつまびく悲運の楽人オルフェウス、ヒョウの背中で寝そべる酒の神デュオニソスがそこにいた。デュオニソスの名前がモザイクの石で書かれていた。ギリシャ文字のシグマ (Σ) は「C」とそっくりで、「ΔIONYCOC」とあった。「C」はラテン語かと思ったら、「三日月のシグマ」と呼ばれるものであるらしい。モザイクの隅は花や動物で飾られ、牡牛、獅子、魚、鳥、ヘラを思わせるクジャクなどが表現されていた。そして、絵の周囲は、波や格子、ギリシャの鍵柄などさまざまな装飾模様で縁どられていた。

　それまでモザイクアートに関心はまったくなかったのに、実用的で（床だし）、耐久性があって（石だし）、美しくて整然としている（チェック柄の由来はテッセラ石なのかも）作品を目の当たりにして、アートへのごく自然な反応だと思える気持ちが湧きあがってきた――つまり欲望が。これ、欲しい。イギリスの辞書編纂者サミュエル・ジョンソンがギリシャ語とレースはいくらでも欲しくなると言ったように、わたしも手に

入るかぎりたくさんのものが欲しくなった。

　モザイク見学は早々に切り上げて、友人のアンドレアスと
グリゴリスが待ち受けるガレージに顔を出した。アフロディ
テとその泉を探しに出かけられるように、車のヘッドライト
を直してもらうことになっていた。わたしたちはまずコーラ
を飲んだ。それからフィンランド産ウォッカを1ショット。
さらにもう1ショット（「もう片方の脚に」とアンドレアスは言っ
た）。飲酒運転はだめだからとわたしは抵抗したのだが心配
無用だった。運転席に座るまでにどうせ何時間も待たなけれ
ばならないから、と。グリゴリスはヘッドライト用の新しい
スイッチを注文した。それから全損扱いにしてパーツ取りに
使っているというシトロエンを見せてくれた。グリゴリスは
ジープも1台所有していた。30年代のアメリカン・モデル
で、新品同様の状態だった。グリゴリスは道具箱のなかに入
れてある三角定規が壊れていることに気づいて、それを直し
出した。いっぽう、アンドレアスはパフォスにとどまるよ
う、わたしを説得しはじめた。みんなでジープに乗って釣り
に行かないか、と。ほどなく新しいスイッチが届いたが、変
換する必要があった（どういうことなのかよくわからなかったけれ
ど）。グリゴリスは姿を消し、豊かな黒髪で、口元にふさふ
さした髭をたくわえたアンドレアスが、ギリシャ語でゆっく
り話しかけてくれた。レフコシアに行くにはかならず越えな
ければならないトロードス山地はこれから雨になると警告し
た。それに、「アフロディテの泉」なんて聞いたこともないと
言った。わたしは彼に午後は何をするのか尋ねた。ふと興味
が湧いたのだ——友人のガレージで毎日観光客とくっちゃべ
っているわけではあるまい。ところが、わたしが一緒に行こ
うと誘っているのだと彼は勘違いした。それで、そんなつも
りじゃなかった誘いを撤回する羽目になってしまった。わた

しがひとり旅をする理由は誰にも理解できないから、と彼に告げたあとで大仰なフェミニズムの理想をまくし立てようかと思ったら、彼は「ウーテ」と言った——「俺にもわからないね」、と。

　もしひとり旅をしていなかったら、こうして一緒に話すこともなかったとアンドレアスに伝えられるほどのギリシャ語力はなかった。ひとり旅をすると、いやでも他人と交流しなくてはならない。さもないと、朝起きたときにたまたま頭のなかで流れている音楽と始終一緒にいることになる——たとえば、TVドラマ《ミスター・エド》のテーマソングだとか「ビキニスタイルのお嬢さん」なんかと。同じ国から来た人と一緒に行動する場合は、慣れ親しんだ言い回しや食事、いつもの性格のままで気楽にしていられる。そして、見知らぬ土地ではありがちな疎外感を抱くこともない。わたしにとってギリシャでの生活は、心のなかの独り言からの解放だった。わたしのギリシャ語力は限られていたから、とにかく基本的でストレートなことだけを言うのに意識を集中した。世間話をする余裕なんてなかった。アメリカでのわたしは世間話が苦手なタイプだった。地中海でそれに気づいた人はいなかった。おかげで自分を偽りながら旅をつづけられた。

　ひとり旅に欠点があるとすれば、レストランでの食事だ。独身女性だって、店内の良い席を要求して当然だという態度でいなければならない。でも、良いところは、気が乗らなければ夕食はパスしてヨーグルトとオレンジだけで済ますこともできるという点。自己中心でいられるのだ。わたしの下した決定が他人にどう影響するのかを心配しなくたっていい。好きなだけ回り道をすればいい。そうしたければ、旅のペースを落としたっていい——そして、アンドレアスやグリゴリスのような男性から、アフロディテの泉で泳ぐのはやめて一

緒に釣りに行かないかと誘われたら心が揺れる。とはいえ、誰もわたしが欲望を満たす邪魔をする権利もない。誰にも水を差されることなく自分が行きたくてたまらないその場所にたどりつく唯一の手段、それがひとり旅。わたしは誰の奴隷でもない。次はどんなベッドで眠るのか、どんな船に乗るのか、どんな街やビーチを訪れるのか、それが人生。次<ruby>！<rt>ネクスト</rt></ruby>美しい言葉だ。さらにいい気分になろうと、わたしが抜けた職場のようすをときどき思い浮かべた。誰か（わたしではない）が細かい活字を延々と追っている。わたしはにんまりした。

　ときどき、ぴったりの言葉が突如として降ってくることがあった。アンドレアスとガレージにいたあのときもそうだった。わたしは ανυπόμονη（アニポモニ）だからと言った。せっかちだからと。

　ようやくライトの修理が終わったので、グリギリスに代金を支払った（レンタカー会社があとで返金してくれる）。そして、3人で最後にコーヒーを飲み、わたしはふたりに慎み深いキスをして別れを告げ、北へ向かった。

　ほどなく、パフォスでガソリンを入れ忘れたことに気づいた。いま車を走らせているのはペンシルベニア州内のI-80ではないとわかってはいても、どこかにモービルの看板が見えないかなと期待した。丘の上の村まで来ると、わたしは車を停めて、通りを歩いていた男性にギリシャ語で「ガソリンはどこで買えますか？」と聞いた（言い方は事前に練習していた）。彼はわたしの車に乗り込んできて、<ruby>喫茶店<rt>カフェニオン</rt></ruby>まで案内してくれた。店主が出てきていろいろと説明しだしたのだが、そのうち車の周りに人だかりができて、みんなで歩いてガレージまで案内してくれることになった。まるでパレードでもするかのように、わたしはそろそろと運転した。連れて行かれたのは、地下タンクに直結した給油ポンプではなく、大小

2種類の缶のある場所だった。わたしが大きなほうを選ぶ
と、缶の持ち主が車のタンクに給油してくれた。支払いをリ
ラで済ませると、わたしのせいでコーヒータイムを邪魔され
た村のおじさんたち全員が、道に戻って行くわたしに手を振
ってくれた。

　その時点で、キプロスで目にしていた唯一の紛争のサイン
は、リマソール郊外の難民キャンプとトルコ側から移ってき
た人たちを収容するための、現場打ちコンクリートで建造中
の建物群だった。フィアットを走らせていると、片腕を布で
吊った老人が道の反対側でヒッチハイクをしていたので、方
向転換をして乗せてあげた。小さな黄色いフィアットのガソ
リンは満タンで、わたしは満ち足りた気分だった。だから、
誰かに乗せてもらわなければならない老人を見過ごせなかっ
たのだ。老人は車に乗り込むなり布を外した——腕は何の問
題もなかった。老人の村まで戻ると、わたしはそこにちょっ
と寄りたくなった。老人はわたしにコーラをおごってくれる
と言う。カフェニオンの隣には銅細工職人の工房があった。
キプロスは古代から銅の産地として有名だ。家族に囲まれた
銅細工職人は、蓋付きの丸い品をわたしに売ろうとした。
「これは何ですか？」とわたしは尋ねた。返ってきたギリシ
ャ語を理解できずにいると、そこにいる人たちが翻訳してく
れた。「souvenir」〔お土産〕だと。みんなで笑った。お土産は
欲しかったけれど、これからはるばる地中海を持ち運ぶこと
になるのだから実用的なものでなくちゃ。そんな素朴な国際
貿易の風景は、大きくて派手な車に乗ったキプロス系アメリ
カ人男性の登場で水を差された。彼は銅細工職人の家族を黙
らせ、フィアットをレンタルするのにいくら払ったのかとわ
たしに英語で聞いてきた。金額を告げると、ボラれたな、と
決めつけた。わたしは銅製品に向き直り、長い柄を折り畳め

る、シンプルな浅いおたまを選んだ。緑色に変色したそのお
たまはいまでもわが家のキッチンに置いてある。

◎◎

　アフロディテの泉に行く気満々で運転を再開したわたし
は、ポリス（都市）の地図に従って西に向かい海岸沿いを走っ
た。泉は10キロ先にあるはずだったが、車にオドメーター
が付いていなかったから10キロと言われてもよくわからな
い。道沿いに現れはじめた看板には、「アフロディテのビー
チ方面」というような、わかりにくい文言が踊っていた。そ
れはわたしが耳にした泉のことかもしれないけれど、ギリ
シャ語には落とし穴がたくさんある。たとえば、「アフロディ
テの泉」という名のレストランが、伝説の泉を目指す観光客
を何キロも先から自分たちの店に誘導しているのかもしれな
い。おまけに、目指しているのがどんな場所なのか、わたし
はよくわかっていなかった。友人のアンドレアスが聞いた
こともない名所（ビューティー・スポット）──それは、内陸にある泉で、滝が流
れ、シダやコケに覆われた場所なんだろうか。それとも、海
岸沿いの洞窟？　アフロディテはどっちが好みなんだろう。
女神は足の不自由な鍛冶の神、ヘパイストスと結婚する。ホ
メロスの『オデュッセイア』で、妻がアレスと浮気をしてい
ると知らされたヘパイストスが、ベッドで愛し合う者どうし
をからめ取り、他の神々の前にその醜態をさらすために網を
つくったという話が登場する。のちにロバート・グレーヴス
がまとめた要約版ギリシャ神話によると、アフロディテはパ
フォスを訪れて「処女を取り戻した」。そう、それは授かり
ものだったのだ。さらに、アフロディテはどんな人も恋に落
ちずにはいられない魔法のガードルを持っていた（「ガードル」

とは、わたしにとってはプレイテックス〔アメリカの下着メーカー〕を思い出す醜い言葉なのだが、それは帯やサッシュなどの、もっとひらひらした衣装のことなのだろう）。

　アフロディテ・ビーチへの誘いに抗いきれなくなって、ついにある看板のところで道を曲がってみた。案の定、レストランが現れた。客はまばらで、店主はカップルが1組座っているテーブルにつきっきりだ。わたしは瓶ビールを2本買い、ひとりでビーチにしけ込んだ。沖に岩が集まっている場所があり、その向かいに洞窟があったので、そちらへ歩いていった。ビーチは砂浜ではなく、鋭くとがった小石がたくさん落ちていた。岩の洞窟に近づくまで、すれ違った1組のカップルのほかは人気がまったくなかった。洞窟にいたふたりは、わたしが来るのを見るなり行ってしまった──目に見えないゴルゴンの盾が威力を発揮してくれたんだろう。わたしは岩とアザミの斜面のあいだに場所を見つけて持ってきた毛布とタオルを敷き、服を脱いで水着姿になり、海のなかへ入っていった。

　愛の女神を描いたものとしてもっとも有名な作品はボッティチェリの『ヴィーナスの誕生』だ。絵のなかで女神は全裸で1枚の貝殻に乗っていて、両腕とうねった髪の毛がきわどい部分を覆い、擬人化された風に岸へ吹き寄せられている。「笑うのが大好きな」アフロディテは、元祖サーファー娘だったのだ。わたしが彼女と混同されるおそれはまったくない。わたしは沖にある岩を目指して泳ぎ出したのだが、見かけよりも遠かった。ここは、ガイドブックに載っていたシダの生い茂る場所とはちがう。それどころか、ガイドブックに載ってすらいない。このビーチの存在や、あの岩のあいだで泳いだ者は永遠の美を手に入れるという伝説は地元住民に教えてもらったのだ。すっかり興奮していたから、長い距離を

泳ぐために心を鎮めなければならなかった。競争じゃないんだから。これは官能のエクササイズなのだ。急いだところでどうなるものでもない。わたしは急ぐことに慣れていた。でも、パニックにならなかったら息が切れることもない。海水は生あたたかく、潮の流れは穏やかだった。誰にも見られていない。わたしは自分にできる泳法をひとつ残らず試した。犬かき、平泳ぎ、横泳ぎ（最初は片側で、次はその反対側）、そして背泳ぎをふた通り。背泳ぎその一は、カエル足で蹴り、水をすくうようにして腕を下から上げる。背泳ぎその二は、バタ足をしつつ、腕を交互に頭上でアーチ状にする。わたしはさまざまな泳ぎを組み合わせて、どの方角の景色も楽しめるようにした。わたしが編み出したこの泳法は「パノラミック」という。オリンピック競技になってしかるべきで、いちばんゆっくりと官能的に泳いだ選手に金メダルが与えられる。

　正しい場所にいますようにとわたしは祈った。ああ、アフロディテよ（平泳ぎ）、わたしが入浴やマニキュアや香水やおしゃれをサボり（横泳ぎ・左）、ガードルを穿くのを拒否していても（背泳ぎ）、どうかそういうあやまちは大目に見て、この献身の印を受け取ってください（横泳ぎ・右）。わたしは空気や水を（平泳ぎ）、甘美さと光を（イルカダイブ）尊ぶ者です。あたたかい海水には抱擁力があり、難なく泳げた。海面で海水を口に含んでみたら塩の味が広がった。振り返ってビーチを見たら、海岸の向こうに緑の低い土手が見えた。空を見上げると、山地に雲がかかっている（トロオドス山地は雨になるとアンドレアスに警告されていたとおり）が、山頂は晴れていた。それから、きらめく灰色の海の向こうの水平線を眺め、前方にある白い岩に視線を移した。白い岩肌はすべすべしていて、湯上りの肌のようだった。近づいてみると、何だかきわどい感じがする。いちばん大きな岩は、ふくよかな手足の豊満な

胸をした女性が、水の上にかがんでいるようだった。彼女に近づくと、大切な部分は海中に沈んでいるとわかった。コケの生えた岩棚に、おびただしい数の小さな貝殻が張りついてぽつぽつと小穴が空いていた。ひと休みしようと、わたしは彼女の膝に身を預けた。アフロディテの岩にたどりついたことが信じられなかった。まるでキプロスのすべてを抱きしめているみたいな気分だった。

　誰も見ていないのなら、水着を脱いでしまいたくなった。一度だけ、ニュージャージーの池で全裸で泳いだ経験があった。そのときは大胆きわまりないことをしていると思えて胸がバクバクした。そして、足のつかない深みに身を浸し、進んでいった。いつ何時、拡声器の声が聞こえ、水陸両用パトカーに乗った警官が騒々しく登場して、わたしを水から引き揚げ、公然わいせつの記録を取るのではないかとひやひやした。自然のなかで生まれたままの姿になるのが悪だとみなされるのは、それをよしとしない者がいるときだけだ。エデンの園でアダムとイヴがリンゴをかじったのをヤハウェ（「わたしはある」）が見つけたときみたいに。でも、わたしはどうしてもやってみたかった。アフロディテの岩の周りを泳げば美しくなれるのなら、身体のすみずみまで水に触れていないと。銀の足を持つテティスの犯したあやまちは避けたかった。彼女は息子アキレスを不死身にしようとステュクス川に浸したのだが、そのときつかんでいた踵が彼の唯一の弱点となったのだ。

　読者諸君、わたしは岩の上で水着を脱いで海に身を沈めた。そうやって海に浮かんでいると、神経線維の末端までいきいきとした。海とわたしのあいだを隔てていた合成繊維の膜はもうない。わたしは水着のストラップをしっかりくわえ、レトリーバー犬のように岩の周りを泳いだ。ウールのコ

ートを脱ぎ捨てた心地だった。潮の流れにやさしく岸に押し
戻されて、紙吹雪のようにふんわりした、白っぽい海藻の山
に打ち上げられた。生まれ変わった気分だった。

　その後、ビーチでランチを食べた。朝食の残りのチーズ・
サンドウィッチ、乾燥イチジク、クッキーを数枚ほおばり、
アフロディテに気前のいい献酒をしてから、ビールをゆっく
り堪能した。こんなときこそ男の人がいたらよかったのにと
いまさらながら思った――一緒に楽しめる誰かがいたら。
でも後悔はしていない。わたしは自己決定権が欲しかった、
ここキプロスと同じように。ふたつの願いは矛盾するだろう
――愛と独立を同時に手に入れるのはおよそできそうにな
い。ところが、そのふたつが欲しいのだと認めることで自由
になれる。それに誰かと旅をしていたら、こんな場所に来る
こともなかったはずだ。

　美でずぶ濡れのまま、わたしは歩いて車に戻った。クレタ
島で買った毛布には小さなギザギザの植物がたくさんくっつ
いていた。斜面のあいだに曲がりくねった砂利道があったの
で、とがった小石の上を歩かずに済んだ。今回は楽な方法を
自分に許した。わたしが変わったと誰かに言われるかどうか
はわからない。でも、目に映るあらゆるものが変容してい
た。麻薬でハイになったみたいだ。岩、花、小石、草、アザ
ミ、海、糸杉、ヒマラヤ杉――あらゆる色が鮮明になって美
しさを増し、しかもその美に触れ、手に入れることができる
気がした。海のなかでしばらく過ごしてから慣れ親しんだ陸
に戻ってきて、すべてが刷新されたようだった。遠く離れた
アメリカの自宅では、アイアースの洗剤が置いてある洗面の
鏡の前に立っては、「見るのもおぞましい」と言っていたの
に。車に戻ったとき、もう何年もしていなかったことをし
た。バックミラーを自分に向けて、髪の毛を整えた。

第7章

❧

アクロポリス・ナウ
[Acropolis Now]

　わたしは最高に美しいものに囲まれて育ったわけではない
と断っておかなければなるまい。エリー湖は美しくなかっ
た。記憶に残る、生まれてはじめて畔に座ったその岸辺は緑
色のスライム状のもので覆われていた。まだ父に肩車しても
らえるほど幼かったころは7月4日の独立記念日にエッジウ
ォーター・ビーチで打ち上げられる花火が大好きだった。小
さな金魚がたくさん集まって1匹の大きな金魚になり、魚の
群れが夜空にきらめいた。以来、それに匹敵する花火は見て
いない。ヴァーモントに引っ越してようやく美しい場所に身
を置けた。アディロンダック山地を眺め、緑豊かな道を通っ
て出勤した。ニューヨークは、そこを離れるときにかぎって
はいつも美しいと思えた。そういうものなのだ。これで見納
めだと思えば、ひときわ美しい風景になる。

　そんなわたしがギリシャ趣味にハマったのは、これいかに。

　なにもかもが想像とはちがっていたのだ。あの有名な光
は、他の場所より明るいわけではなく、穏やかで精妙だっ
た。たとえて言うなら牛乳ではなくクリーム、はじめて味わ
う本物のメープルシロップ。鮮やかさが際立つのではなく、
光の束が水平線に沿って集まり、遠くに影が見え、漆喰塗り

の白壁、青い丸屋根、落ちついたテラコッタ色の屋根瓦があった。人工物が自然を際立たせ、自然が人工物を引き立てていた。まさに完璧な、細部のアッサンブラージュだった。

どこへ行っても、親が子どもに「Έλά! Έλα εδώ!」（ほら、こっちにおいで）と言っているのが聞こえた。ギリシャで子ども時代を過ごしたらと想像してほしい。あの風景のなかで、先祖伝来の土地でビーチにどっかりと腰を下ろして、「海」という言葉を覚える──「θάλασσα」（タラタ）と。強勢は第1音節に置く。砕け、引いていく波のごとく。ざぶんと音を立てて打ち寄せた波は、次の波、また次の波に呑み込まれていく。あるとき斜面を下って海に行こうとして、小さな松の木立のあいだにある階段状の畑に見とれていたら、男性が複雑に走る用水路から木片を引き抜いて水を別方向に流していた。わたしは、「Έξυπνος」と声をかけた。「Ex エクス＋ hyp-nos ヒプノス」（「眠っていない」）とは、賢い、頭がいい、抜け目のない、目覚めているという意味のギリシャ語だ。男性はにっこり笑った。用水路の仕組みを彼が考案したわけではない。何千年も前の祖先のアイデアだった。

エド・ストリンガムは、アテネ郊外のブリアグメニ・ビーチについてしたり顔で語ったりするが、いざギリシャに旅行するとなると都市を訪れて芸術や文化を堪能した。「ベナキ博物館にはかならず行くように」と彼に念押しされていた。イコンが幾重にも並び、古代から近代までの彫像、陶器、宝石、銀製品のコレクションを有するベナキは世界有数の博物館なのだ。エドはギリシャ史におけるビザンツ帝国時代の重要性を強調した。いわく、ギリシャはルネサンスを逸した──古代ギリシャの栄光がイタリアで再発見されていたちょうどそのとき、当のギリシャはオスマン帝国の支配下にあり、おもに正教会の働きによってギリシャ文化の命脈を保っ

ていたのだと。ギリシャは西方のほかのヨーロッパ地域ではなく、東方のアジアを向いているとエドは強調していたが、そんな彼が熱に浮かされたように語ったのは、西洋文明のシンボルであるパルテノン神殿だった。ある晩、満月のもとでパルテノン神殿を眺めようと、エドはさる詩人と一緒にアクロポリスの丘をのぼったという。そのときのことを回想するだけで彼は恍惚とした。つやめく大理石、夜空に浮かび上がる円柱、悲劇的であると同時に過去の栄光も伝える遺跡の哀愁。パルテノン神殿を目の当たりにしたのはエドの青春のハイライトだった。少年が神々しい輝きを放つ一時期を古代人は「花盛り」と呼んだが、まさにそんな時期だったのだ。最初、わたしはギリシャの風景と言葉に魅力を感じていたが、エドの絶賛に耳を傾けるうちにパルテノン神殿をこの目で見てみたくなった。まちがいなく見る者を飽きさせない建造物であるらしい。

　そういうわけで、1983年にはじめてアテネを訪れたその日、わたしは朝食（屋台でヨーグルト〔γιαούρτι〕をくださいと言おうとしてロバ〔γαϊδούρι〕をくださいと頓珍漢なことを言っていた）を済ませるとすぐにアクロポリスに直行した。パルテノン神殿につづく階段そばの大きな岩に座っていたら、ギリシャ人らしき男がドイツ語で話しかけてきて、彼や友人たちと一緒に来ないかと誘ってきた。ドイツ語で話しかけられて、わたしはうろたえた──わざわざドイツ語会話をするためにギリシャに来たんじゃないんだから。お断りすると、男はギリシャ語で「行きたくないの？」と言った。何のことはない、彼はギリシャ人だったのだ。あとになって、彼がドイツ語で話しかけたのは、わたしがドイツ人だと思われていたからだと気づいた──ギリシャを旅する肌の白い女性といえばドイツ人と決まっていたのだ。アメリカ人は珍しく、ギリシャ人の誘

いに乗らないアメリカ白人女性はもっと珍しかった。

「アクロポリス」には「都市上部の要塞化された場所、要塞」だとか「避難所」という意味がある。古代、人びとは身を守るために高所に集まった。そこからなら敵の接近が確認できるし、その上に岩を落とすことだってできる。高所にいるほうが有利なのだ。「避難」というのは、その場所の機能に由来する語釈だが、文字どおりには「アクロ akro」は端、「ポリス polis」は都市を意味するので、「高い丘の上の都市」という意味になる。高所恐怖症を表す英単語の「acrophobia」（アクロ akro ＋フォビア phobia）のアクロには「端」という意味もあるのだ。ということは、高所恐怖症でも端から覗き込まなかったら高い場所にいても平気なのかもしれない。アテネは丘の多い都市だ（自転車に乗るのは大変だ）。だが、東側と北側が山のようになっているのに比べると、西側と南側は平原のようになだらかに海へ傾斜していく。アクロポリスは山脈に属さない独立峰で、頂上は平らになっており、そこを中心に都市が発展して周囲に広がっている。アテネはアクロポリスからインスピレーションを受け続け、避難所として頼りにしてきた。

オハイオ州北東部にアクロン Akron という都市がある。ゴムタイヤだとか、グッドイヤー社が宣伝用に飛ばす飛行船で有名で、都市名の由来はギリシャ語の「アクロ akro」だ。高校生のときに一度行ったときは、オハイオ水準に照らし合わせたらたしかにお高くとまった場所だという印象を受けた。アクロンは海抜300メートルのアレゲーニー台地の西に位地する。いっぽうアテネのアクロポリスは海抜150メートルで、台地の一端ではない。混沌とする都市のまっただなかで巨大な破片が突き出たような、高くそびえる峻厳な岩山なのだ。

はじめてのギリシャ旅では、アクロポリスに君臨する処女アテナに捧げられたパルテノン神殿を眺めようにも、足場や

錆びついた感じの機器類が邪魔をした。ヴェネツィアを訪れたら有名な鐘楼が修復中だったとか、アルハンブラ宮殿に行ってみたらライオンの中庭の泉で測深作業がおこなわれていたようなものだ。がっかりした。せめて、パルテノン神殿の歴史をよく理解しようと思った。マラトンの戦いののち、紀元前490年にアテナイ市民によって建築が始まった素朴な神殿はペルシャ人に破壊され、その後紀元前447年にペリクレスの指揮のもと、より壮麗な神殿が再建された。完成するまでに9年の年月を費やしたその神殿は1687年まで健在だったが、オスマン帝国が神殿を火薬庫にしていると（ギリシャ人から）知らされたヴェネツィア人によって砲弾を打ち込まれ、破壊された。以後、1983年までじつに300年ものあいだ（10世代分だ）パルテノン神殿は廃墟と化していた。わたしが生きているうちに再建される可能性はいかほどか。

　ブルーガイドを手にアクロポリスを歩き回っていても、ガイドブックに載っている見どころと現地に実際にあるものとがなかなか結びつかなかった。メトープ〔彫刻装飾〕、内陣、プロピュライアといった考古学用語はさっぱりわからなかった。アクロポリスにある小さな博物館では、大気汚染によってダメージを受け、大理石が侵食された彫像を目の当たりにした。わたしは大気汚染をとくに気にするタイプではなかった（アテネ市民は車の排気ガスが原因のスモッグを「雲」と呼んでいた）。なにしろクリーブランドは鉄鋼の街だし、ニュージャージーには石油化学精製所のひとつやふたつがある。わたしに言わせれば、アテネの空気はレツィーナ〔松脂を混ぜたアッティカ産のワイン〕のようにどこか松の香りを思わせるものだった。それにしても石像の劣化は痛ましい。

　次にアクロポリスの丘をのぼったのは1985年だった。そのときはロンドン経由でアテネに向かったので、途中で大英

博物館を訪れてエルギン・マーブルズ〔19世紀初めに英国の外交官だったエルギン卿がパルテノン神殿から持ち帰った古代の彫刻群〕を見学した。そこで買ったポストカードと本のおかげで、ライオンの皮でヘラクレスを、柔らかい帽子と羽根のついたサンダルでヘルメスを識別できるようになった。フリーズ〔円柱上部の彫刻が施された帯状の部分〕のあちこちで闘いが繰り広げられていて、ケンタウロス族、ラピテース族、アマゾン族が争っていた。ケンタウロス族は言わずと知れた、胴体が馬で頭と胸部は人間の種族だ。ラピテース族は神話に登場するテッサリア地方の一族で、おもにケンタウロス族と戦っている。アマゾン族は伝説の女戦士で、年に一度、生殖のためだけに異性のもとを訪れ、交わる。彼女たちは弓の名手で、伝説によると、成長して弓が射やすくなるように、女児の右胸は切り落とされるという（「アマゾン」という名前の由来は、「片胸がない」という意味の「ア・マゾス」だ）。現代ではアマゾンといえば、本や弓矢はもちろん、ブラジャーや人工装具まで買える、ジェフ・ベゾスが築いたオンライン・ショッピングの一大帝国が思い浮かびがちだ。この巨大企業の名はアマゾン川に由来し、そのアマゾン川はアマゾン族から名前をもらっている。

　動物の彫刻もたくさんあった（生贄にするために曳かれていく、目を見開いた牡牛やいななく馬など）。そのほかにも、全アテナイの祭りで女神に捧げるザクロの実を運ぶ乙女の姿もあった。それでも、アクロポリス随一の美しさを誇るのは、エレクティオンというこぢんまりした神殿のポーチの屋根を支えている、優雅で力強い女性像、カリアテッドだと個人的に思っている（その名を発音するときわたしはいつも戸惑ってしまうのだが、「キャリ・ア・テッド」だと説明された）。エルギン卿の部下たちは、カリアテッド一体を神殿ポーチの土台から切り離してロンドンに持ち去り、あとには瓦礫だけが残された。同時代

人のバイロン卿は、同胞の行為がアクロポリスにたいするレイプだと非難した。イギリス側は、エルギン卿が駐オスマン帝国大使時代（1799-1803年）におこなったこの移送によって貴重な大理石の彫像群は破壊を免れたのであり（オスマン帝国統治下で顧みられることはなく、時代が進めば大気汚染の害を受けていただろう）、大英博物館に展示されていればフリーズやペディメントに施された彫刻を間近に眺めることができるではないかと主張している。もともとの彫像は神殿内の高所にあったために、古代人だってそれらをじっくり見ることはかなわなかったのだ。とはいえ、6体のカリアテッド像はそれぞれポーズを取りながらリズミカルに並んでいたのだから、バランスを壊すのは冒瀆行為ではなかろうか。

　アテネを再訪したわたしはまたしてもアクロポリスの丘にのぼり、心のなかで往時の姿を再現しようとした。でも、パルテノン神殿はボロボロに崩れ、その断片はヨーロッパじゅうに散らばっている。いまとなっては、そのような断片化も歴史の一部なのだ。たとえわたしが150歳まで生きて、アテネの高台に難儀してのぼったり、椅子かごに乗せて連れていってもらったりしても、足場が片づけられ、ドーリア様式の円柱には傷ひとつなく、ペディメントには堂々とした神々の姿が大理石に刻まれているという光景はまずおがめないだろう。かつては巨大アテナ像が収容されていた神殿に足を踏み入れ、空間の大きさを実感して、首を伸ばしてフリーズに見入ることもない。現代のパルテノン神殿は、ありし日の栄光を伝えるわびしい場所なのだ。

◎◎

　だが、信じられないことにたった数年のうちにそれは実現

した。青銅色の、見事な装飾が施された巨大な扉が重々しくぎいっと開き、わたしはパルテノン神殿内部に足を踏み入れたのだ。神殿は格天井になっていて、メトープ、ペディメント、フリーズに彫られたすべての像は細部まで再現されていた。そして、広大な空間に鎮座していたのは、古代ギリシャの彫刻家フェイディアスの手による、金と象牙でできた処女神アテナの、高さ12メートルになる巨大像だった。夢を見ているんじゃない。でも、アテネにいるわけでもない。わたしはテネシー州ナッシュビルにいた。

　最初はナッシュビルのパルテノン神殿をどう受け止めたらいいのかよくわからなかった。何かのジョークじゃないかと思った。その割にはそこを訪れた人が笑ったりしないのは解せない。わたしは神殿の扉を守っていた警備員にこのジョークを吹っ掛けようとした。ところが、このパルテノン神殿のレプリカのほうが本物よりも優れているのだと警備員は心から信じているようだった。レプリカには細部がすべてそろっているし、アテネにある神殿のようにボロボロに崩れていない。扉を一枚閉めながら、警備員は「ほら」と言った。「扉もちゃんと使えるんです」。頭のなかが疑問で一杯になった。アテネのパルテノン神殿は丘の上にそびえているのに、このレプリカは草原に囲まれた平地に建っているって誰も気づかないの？　岩はどこにある？　聖なる高所にそびえる神殿だという感覚だとか、青空にくっきりと浮かび上がる神殿の姿もないのに？　このレプリカ神殿は、街に向かう途中から遠くにその姿が見えてくるものではなく、通りがかったらびっくりして二度見するような代物なのだ。車の窓からホワイト・ハウスを眺めたときのことを思い出した。窓の外に見えたのは、民主主義の歴史を体現した、畏敬の念を抱かせる建物ではなく、広い芝生の庭が付いた横長の低層住宅だった。

「パルナッソス」という絶妙な名前がついた〔ギリシャ神話でパルナッソス山は芸術の中心地〕ナッシュビルの素敵な書店〔オーナーは作家のアン・パチェット〕で出会った女性、F・リン・バクレダにこう言われた。「わたしたちのパルテノン神殿は、その背景も踏まえて考えてくださいね」。ナッシュビルは南部のアテネを自称し、カレッジや大学もたくさんある——ギリシャのアテネのように教育の中心地なのだ。公共図書館にはギリシャの鍵模様が施されている（建築家はロバート・A・M・スターン。図書館をアテナにちなんで“athenaeum”と呼ぶこともある）。ナッシュビルで最初にパルテノン神殿の石膏レプリカがつくられたのは1897年、テネシー州の合衆国加入 (1796年) の100周年記念だった。ほかにもピラミッドや観覧車も建造された。リンいわく、「時代の最先端を示しながら、外国文化や娯楽をナッシュビルにもたらす目的があったんですよ」。そのとき開催された博覧会は、1851年のヴィクトリア朝ロンドンの万国博覧会や1964年のニューヨーク万国博覧会に匹敵する大規模なものだった。「わたしたちのパルテノン神殿には価値があります」とリンは語った。「地元の人たちが理想としたナッシュビルがどんなものかを伝えてくれますから」。彼女の語りはさらに熱を帯びた。「雰囲気こそ随分ちがいますけど、本物の神殿の大きさや見た目のバランスを体験できる、世界で唯一の場所なんですよ」。

　50年代に子ども時代を過ごしたリンは、センテニアル・パークに遊びに行くのが大好きだったそうだ。その公園にはカモの泳ぐ池や沈床園があり、戦闘機や蒸気機関車も置いてあった。リンの父親はラテン語の教師で、ギリシャ語も学んでいたので、一家そろって古典趣味だった——飼っていたボクサー犬の名は「プシュケ」。神殿内にはアテナ像建造のための募金箱があって、学童たちはそこに硬貨を入れていた。

そして、30年後の1982年、充分な資金が集まったので計画はいよいよ実行に移された。地元の彫刻家、アラン・ルクワイアが制作委託を勝ち取り、リンの友人であるアニー・フリーマンが彫像のためにポーズを取った。「アニーの体格には力強い美しさがありました。芯からの力が備わっていたんです」とリンは回想した。現在はアーティストでソングライターのアニーはルクワイアを尊敬していた。女神アテナの彫像制作は「土産物を参考にして自由の女神像を複製しようとするもの」だったとアニーは語る。紀元2世紀中ごろのパウサニアスの描写が、堂々たるアテナ像について詳しく伝えている。「アテナ像は象牙と金でできている」とされている（ピーター・レヴィの翻訳では）。「アテナの兜の中央にはスフィンクスが、その両側にはグリフィンが構えている……くるぶしまでの長さの筒衣(チュニカ)に身を包んだアテナ像は直立している。胸元の象牙にはメデューサの首が浮き上がる。アテナは2.5メートルほどの高さで栄光を抱え、片手で槍を持ち、足元には盾を置いている。盾のすぐそばにいるヘビはエリクトニオスかもしれない」（ヘパイストスの精液から生まれたヘビ人間で、アテナイ人の伝説上の祖先とされる）。ルクワイアがアテナ像を完成させるまでに8年かかった。彼はまず、どんな材料が使われていたかの調査から始めて時代考証に進み、アルカイック期とヘレニズム期のギリシャ彫刻にかんする著作が何冊かある、ブリンマー大学のブラニルデ・シスモンド・リッジウェイのような著名な古典考古学者に相談した。ナッシュビルのアテナ像は懐古趣味ではなく、紀元前450年ごろにフェイディアスが本物の像を制作する過程を解き明かす絶好の機会だとリッジウェイはみなした。当然、ルクワイアはアテネに足を運んでフェイディアスのアテナ像が建っていた場所で土台の計測をおこなった。それだけでなく、ローマ時代の紀元3世紀に

つくられた、フェイディアス作のアテナ像の小型のレプリカ、「ヴァルヴァケイオンのアテナ」もアテネの国立考古学博物館で調査した。車でペロポネソス半島を廻り、アテナゆかりの土地を訪れながら、女神本人が目の前に現れてくれないかと期待した。ある意味、ルクワイアは時代を超えてフェイディアスに弟子入りを願い出たのだ。とくに、アクロポリスの丘のカリアテッド像の真に迫ったポーズと衣装のゆったりとした感じを彼は絶賛した。イタリアのブレシアでは、紀元前5世紀にフェイディアスが制作した可能性があるとされる、ペンテリコ山の大理石でできた女性の頭部を見学してアテナ像の頭部の参考にした。

　レプリカのパルテノン神殿が巨大アテナ像の重さに確実に耐えられるようにするために、ナッシュビルの石灰岩の岩盤まで達する巨大なコンクリートの門が4つ、建築業者により設置された。アテナ像は4階建ての高さなのだ。切断されたグラスファイバーで補強された石膏セメントのパネルを身にまとったアテナ像は鉄鋼の骨組みの上に建造された。「作業は秘密裏におこなわれたんですよ」とリンは振り返る。それだけに、1990年にアテナ像が完成したときは、「魔法みたいに姿を現した」そうだ。アテナ像は頭でっかちだった。そうでないと、下から眺めたときに女神の頭は針の先ほどの小ささになるのだ。アテナ像はとにかく巨大なので、腕に抱えたニケ像（全長180センチの、翼の生えた勝利の女神像）もバスケットボールの試合のトロフィー程度のサイズ感だった。女神の足元に立つとそこしか目に入らない——巨大なつま先しか。世界最大級の室内像のモデルになったアニー・フリーマンはそれを鼻にかけることなく、他のモデルたちをさっと賞賛する。女神のつま先を正確に再現するために、ルクワイアは別の女性の足をモデルにしたと言われている。「それに、あれはわ

たしの胸じゃないって断言できます」とアニーは言った。立派な鼻だけでなく（「わたしは小鼻じゃありませんから」）、彼女のたたずまいやエネルギーの一部が女神像に反映されていると彼女は考えたがった。モデルに選んだのは「性格上の芯の強さ」があったからだとルクワイアに伝えられたとき、アニーは有頂天になった。ちなみに、アテナの唇のモデルはエルビス・プレスリーだ。

リンはアテネまで行き、本物のパルテノン神殿を見学したことがある。「正直言って、期待外れでした」と彼女は言った。「近くまでしか行けませんから。神殿内に自由に出入りしながら育った身としてはね——そういう環境には、神殿の大きさを実感できるという利点がまちがいなくあります」。アクロポリスを案内してくれた博識なガイドは、リンの故郷にあるレプリカのアテナ像の話を聞いてもまったく感心しなかった。それどころか、リンの言葉では、「パンチボウルのなかに紛れ込んだ糞でも見るかのような態度でした」。リンは、センテニアル・パーク内のワタウガ湖越しに眺める神殿がお気に入りで、神殿の扉が開け放たれていれば、そのなかに巨大なアテナ像が立っているのが見える。「巨大な女性がそこに立っていて、さまざまなことを見抜いて真価を認め、わたしたちを勇気づけてくれるんです」とリンは説明した。「彫像らしい威厳をまとったアテナ像を遠くから眺めると……途轍もない力を供え、武具に身を包んだ女性がそこにいるとわかります」。

近年、そのアテナ像に金メッキが施された。「シンプルな素の姿だったときが懐かしい」とリンはこぼす。「現代の感覚だと、金ぴかな外見は安っぽく見えるでしょう。歴史的な正確さを目指すのには大賛成なんですけどね」。ルクワイアも白地のアテナ像が気に入っていたのだが、パルテノン神殿を

白で統一するのはギリシャ美学にそぐわないと承知していた。「ギリシャ人たちは、手に入るかぎりのさまざまな素材を使いましたから」と彼は説明した。

　兜、アイギス、槍で武装したナッシュビルのアテナ像は鬼気迫るものだという印象を受けた。金メッキを施されたときに口紅とアイライナーが引かれて化粧もしていた。柔和な聖母マリア像とはまったくちがう。でも、ナッシュビルの住民たちのおかげで、わたしは考えを改めた。この彫像はいわゆるプラスチック・アートなのだ。つまり、形こそすべて。当然、本物の彫像に使われていたペンテリコ山の大理石に代わるものはない。だからこそ、「エルギン・マーブルズ」をめぐるギリシャ人とイギリス人とのあいだの議論はぎくしゃくしたものになる。ニューヨーク市立大学シティ・カレッジはパルテノン神殿のフリーズ（大英博物館の現物から石膏で型を取ったもの）を所有していて、5番街の34丁目にある大学院センターで展示している。たとえ素材がマシュマロだったとしても、ある程度まで彫像はその形によって評価を下される。最近、シカゴのギリシャ人街にある駐車場の壁面からパルテノン神殿の姿が印刷されたメッシュスクリーンがさがっているのを見てわたしは嬉しくなった。

　ナッシュビルのパルテノン神殿は高台にないからと、以前は見下していた。でも、ということは、車椅子使用者やベビーカーを押す人も入場できる。オハイオ州シンシナティからは車で行ける距離だ。しかも悪趣味ではない――ラスベガスの名所だとか、ブルックリン・クイーンズ高速道路から見える、エッフェル塔をいただいた怪しげなホテルのような、金儲け目的の商業施設にありがちな模倣とはちがう。このパルテノン神殿は偽物ではない。真摯な思いで再現されたものだ。わたしはナッシュビルのアテナ像の足元で喝采を送った。

　　　　　　　　◎◎

　2013年の春、プレス向けツアーに招待されてアテネを訪れた。これはギリシャ文化スポーツ省の企画で、ワシントンD.C. のナショナルギャラリーとロサンゼルスのゲティ美術館で開催予定だった、ビザンツ美術の傑作の展示を事前に宣伝する目的があった。当時ギリシャは財政危機に陥り、ユーロ圏に残留できるかどうか危うくなっていた。『ニューヨーク・タイムズ』紙は一面で、お腹をすかせたまま学校に行くギリシャの子どもたちや、食べ物を求めてゴミ箱をあさる人たちのことを報じていた。ギリシャ国営のオリンピック航空はすでにニューヨーク・アテネ間の運行を取りやめていた。そのため、わたしはまずオーストリア航空でウィーンに飛び、そこからギリシャ第2の都市テッサロニキ（シカゴのようなものだ）へ向かい、その後アテネに入った。以前、国営の航空会社の機内で乗り合わせたギリシャ人乗客たちが懐かしかった。着陸のときに車輪が滑走路に当たると拍手が湧いた。ツアー中のわたしたちの世話係は、外国向け報道局の若い外交官ふたりだった。どちらの名前もアンドレアスで、ひとりはイスタンブール駐在、もうひとりはリスボン駐在だったので、仲間内ではそれぞれトルコ人、ポルトガル人と呼ばれていた。わたしはポルトガル人アンドレアスにどこでポルトガル語を学んだのか尋ねた。すると、ケルキラ島のイオニア大学だと言うではないか。大好きな先生が——ドロシー・グレゴリーが——その大学で翻訳を教えていたとわたしは彼に伝えた。「ドロシー・グレゴリー先生をご存じなんですか？」と、彼は驚いていた。「ぼくも先生に教えてもらったんですよ」。わたしたちは口をあんぐりひらいて、じっと見つめあった。ドロシー（ギリシャ語では「ドーラ」）はケルキラ島で2000

年3月に亡くなっていた。ちょうどわたしが訪ねて行こうとした直前だった。わたしたちのあいだで彼女がよみがえっただなんて、まったく素晴らしい。「グレゴリー先生のお知り合いだったとは、感激です」とアンドレアスは言った。

　宿泊先の4つ星ホテルにチェックインするとき、名前をサインしようとして「i」の点を打つときに気合が入りすぎてペンがロビーに吹っ飛んだ。自分の部屋を見るまでは報道陣との旅に一抹の不安がなかったと言えばうそになる。わたしたちは国の招待客だったので、素晴らしい施設に泊まらせてもらった──わたしの部屋にはバルコニーが付いていて、アクロポリスの丘を一望できた。双眼鏡を持参したので、暇さえあればそれを岩に向けて影が動くようすを眺めた。そのままホテルに引きこもってもおかしくなかった。なじみのないアテネの中心地にホテルは建っていた。わたしが定宿にしているのは、アクロポリスの麓のプラカというお気に入りの地区の南側にある2つ星ホテルだ。でも、このホテルはそれ自体がアートギャラリーのようで、屋上のバーで飲みながら、リカヴィトスの丘（アクロポリスに向かって呼びかけているようなアテネの壮麗な丘）を中心とする風景を一望できる。あちこちで光がきらめき、ディスコ熱が最高潮に達していたころの有名なナイトクラブ、〈スタジオ54〉にいるかのような贅沢な体験だった。そこでちびちびとウゾを飲んでいて、ふと、こういう環境に慣れるのもまんざらではないと思った。でも、金持ちのように扱われるのは落ちつかなかった。街頭では大勢の人たちが、ギリシャがユーロ圏から脱落しないように政府が課した緊縮財政に怒りをあらわにして抗議していた。その人たちは、何世代ものあいだ腐敗した政治家たちに搾取されてきたという事実と向き合っていた。

　わたしたちはベナキ博物館を訪れた。エドのアドバイスに

従い、わたしは以前の旅で足を運んでいたし、貴重な収蔵品の一部はビザンツ美術展のためにすでにアメリカに送られたあとだった。それでも、コンスタンティノープルのストゥディオス修道院が所有していた、9～10世紀のモザイクでできた聖母マリアのイコンを学芸員に見せてもらった。言うまでもなく、ギリシャ正教の教会にはイコンが欠かせないし、イコンの製作者たちはきわめて厳格な決めごとを守らなければならなかった。聖ルカは、歴史上実在した聖母マリア、つまり神の母を、実物をモデルにして描いたと言われている。唯一無二のこの作品は現在まで残っている。木の板に描かれたのではなく、石でできているという特徴も破損を免れた理由のひとつだ。聖母の顔は美しく、表情豊かだ。口は小さく、鼻はすらっと長く、目は左右対称で、眉はなめらか。被っているヴェールは濃い灰色で縁取られ、頭の輪郭の周囲には金色と緑青色の輪が浮かび、さまざまな色の石を使って後光が表現されている。その日、わたしがベナキ博物館で買ったアルファベットの本では、プサイ（Ψ）の文字を説明するのにそのイコンが使われていた。ψηφιδωτό（プシフィドト）とは、「彩色された細かい石や小石からできた絵」だと説明されていた。「モザイク」を意味する、そんな専門用語があっただなんて意外だった。ギリシャ語には「モサイコ」（μωσαϊκό）という単語もあるのだ。この言葉から、わたしはいつもモーセを連想する。たくさんの小さな部分をまとめて、大切な何かを完成させる責務を負った人物を。ところで、「モザイク」はムーサとも関係する言葉で、芸術的な手法が用いられ、博物館に収蔵するのにふさわしい作品を表す。

　ベナキ博物館では美しい作品の数々を堪能した——仔羊を肩に乗せて運ぶ羊飼いの古風な石像など、キリスト教の影響を受けた彫像群があった。ギリシャはルネッサンスを経験し

なかったとエドは言っていたが、ギリシャ正教の視点からするとそれはちがう。ギリシャ人たちは、何世紀にもわたるビザンツ帝国支配の時代に古典の要素とキリスト教を融合させて独自のルネッサンスを興したのだ。このテーマに特化しているのが、ベナキ博物館の向かいにある、カリフォルニアの伝道教会を思わせる、低層で砂色の建物のビザンチン&クリスチャン博物館だ。この博物館では13世紀の、モザイクでできた聖母子のイコンが展示されていた。これは聖母エピスケプシス（「庇護する聖母」「慈愛の聖母」）と呼ばれるもので、この小辞（エピセット）は文字どおりには「警戒する」だとか「見渡す」という意味がある。聖母の特徴はベナキ博物館のモザイクのイコンと同じで、口は小さく、物憂げな目をして、頬にはほんのりバラ色が差している。ヴェールは濃い青色の地に金色の線が入っている。ふと、後光はモザイク制作中の副産物だったのではないかと思えてきた。人物の輪郭を幾重にも並べていくうちに頭の周りにオーラが現れたのでは？　このイコンには、継ぎ目もくっきりと縦線が走り、その線に沿ってタイルの一部が失われていた。三分割して組み立てるようになっていたらしい。この作品がトルコのティリリエからギリシャ本土に運び込まれた1922年、トルコは小アジアからギリシャ人を追放した。代々その土地に住んでいたギリシャ人を虐殺し、スミルナを焼き払い、ギリシャ人によるコンスタンティノポリスと小アジアの奪還を目指す大ギリシャ主義（メガリ・イデア）の思想にとどめを刺した。ギリシャ人はこの出来事を破局（カタストロフ）と呼ぶ。たとえ外見が損なわれていても、この「慈愛の聖母」がモザイク芸術の最高傑作であることに変わりはない。

　キプロス島のパフォスでモザイクを見学し、ダフニ修道院に入れてもらえなかった経験をしてからというもの、可能なかぎりモザイクを見学するようにしている。英国南部のフィ

ッシュボーンにはローマ時代のモザイクがある。そして、ローマには宝石のようなビザンツ様式の教会がいくつか残っていて、サンタ・マリア・イン・コスメディン教会はそのひとつだ（この教会には、ウラノスの頭部だとされ、真実を告げない人が手を入れるとその口が閉じるという真 実 の 口（ボッカ・デラ・ベリタ）——嘘検知器の初期型だ——がある）。ヴェネツィアには、最高執政官（ドージェ）たちがコンスタンティノープルから取り寄せた、精巧なモザイク芸術作品の数々が展示されている。とりわけ、わたしはサン・マルコ寺院や、トルチェッロとムラーノにある教会の 床（パヴィメンティ）がお気に入りだ。そこには、灰色、白、金色の石の三角形の小片や、濃い青色、赤紫色、緑などのシンプルな色の四角形の小片が組み合わされて、同心円状に渦巻き模様を描き、つややかに輝いている。モザイクのひんやりとした美しさを目の当たりにすると、石にもっと近づきたいという思いから、その場にひれ伏したくなる。

　ギリシャの植民都市として始まったナポリ近郊のポンペイ、ヘルクラネウム、パエストゥムに足を運び、ビザンツ帝国の前哨地だった（ダンテの亡命先でもあった）ラヴェンナで一週間を過ごして、車でパレルモ（ぞくぞくするような街だ）に向かった。途中システィーナ礼拝堂に入ったとき、同行者に「わたし、いま天国にいる」とささやいた。すると、それこそがここを建てた人たちの狙いだったと彼は答えた。礼拝堂は、天国にいる心地にさせるものでなければ。とはいえ、わたしはまだビザンツ様式モザイクの"聖杯"を拝んでいなかった。ダフニの修道院を。

　当初、プレス向けツアーの旅程にはダフニ修道院訪問が組み込まれていたのだ。ところがあとで削除された。これは動揺を招く変更だったから、文化大臣じきじきに説明があった。「ダフニにはいささか問題がありまして」。修復作業中だ

からということだった。だが、世話係の外交官、トルコ人アンドレアスはどんなときもダフニを愛する心の持ち主だった。ダフニ修道院を知っているアメリカ人がひとりでもいるという事実に心動かされた彼は友人の考古学者に電話をかけてくれた。その結果、ペロポネソス半島のビザンツ帝国最後の砦を訪れるついでに、わたしたちを乗せたバスはアテネ郊外の聖なる道を20キロ走ってダフニ修道院の駐車場へ入っていった。わたしは信じられない思いだった。

　そこで遊んでいた子どもたちが動きを止めて、外国から来たジャーナリストたちが修道院の扉の前に集まり、やがてそのなかへと案内されるのを眺めていた。聖堂内部は足場が組まれていて、さながら空中ブランコの訓練所だった。そこでようやく、修道院が閉鎖されたのは安全上の理由ではなかったと理解できた——度重なる地震でモザイクは崩壊し、床にはテッセラ石が散乱していた。修復作業員の仕事は、わたしの理解を超えた複雑きわまりないものだった。作業員たちは全能の神を一から組み立てていたのだ。修復途中のさまざまなモザイクが壁や円天井で柔らかい輝きを放っていた。羊と羊飼いが描かれたキリスト降誕の場面があった。ヨルダン川にひたされ、下半身にかけられた水を揺らめく線で表しているキリストの洗礼、贖い主を中心にして十二使徒が勢ぞろいした最後の晩餐、そしてキリストの変容。わたしたちは足場をのぼって円天井を見るよう促された。そこでは湿度や強度を科学的に調査するために、一部のタイルから短い紐状のものが垂れさがっていたが、だからといってモザイクの魅力は微塵も損なわれていなかった。

　作家のパトリック・リー・ファーマーは、地震によって被害を受ける前のダフニ修道院を訪れ、その全容を目の当たりにしている。彼の著書『マニ』には「アッティカ地方のダフ

ニにある、全能者ハリストス^{パントクラトール}の素晴らしいモザイク」について、こんな記述がある。「その大きな途轍もない目には影がよぎり、片方の肩越しにそっと視線を投げかけている。右手が表している祝福と説諭の穏やかさとはちぐはぐで、苦痛ではなく、恐怖、煩悶、罪の意識が伝わってくるようであり、彼自身がおぞましい運命から逃げているようだ。そのような表情に唯一ふさわしいのはゲッセマネの園〔イエスがユダヤ教徒に捕らえられる前夜、ひれ伏して祈ったとされる場所〕だろう。だがこれこそが、栄光のなかにいる神ハリストス、全能の神の姿なのだ。圧倒的かつ悲劇的、神秘的かつ衝撃的な作品だ」。わたしは全能者ハリトリスの右手の下数センチのところに立っていた。

　エド・ストリンガムのパルテノン神殿での体験に匹敵するものがわたしの旅にあるとすれば、これがまさにそんな瞬間だった。すっかり感謝の念を抱いたおかげで、以来わたしは人当たりがよくなった。そしてアテネに戻ると、上機嫌で同じツアーの人たちと一緒にアクロポリスで夕陽を眺めるツアーに参加した──「ホイ・ポロイ」（ギリシャ語で「大勢」の意味）の一員だったら、閉園時間後に特別待遇で入れてもらえる人たちを見てイラつくところだが。わたしたちは風変わりな一団だった。ギリシャ文化省と太いパイプを積極的に築きたがっている野心あふれるフリーランス女性、紳士然とした南部ワインのライター、ニューヨークのアッパー・イースト・サイドから来たアート愛好家、モルモン教徒で、ラジオ局で働いている若さあふれる女性。彼女は苦労して機材をアクロポリスまで運び上げ、巨大ズッキーニほどの大きさのマイクを鞄から引き抜いていた。食事どきのワインは飲まない習慣だったのに〔モルモン教徒は通常飲酒は禁止されている〕、ギリシャでは底抜けの明るさで飲んでいた。まるで若いころのわたしを

見ているようだった。わたしたちを案内してくれた、カーキ
色の半ズボンと作業シャツ姿のガイドの青年に、彼女がパッ
ド付の巨大マイクを向けてまとわりついているあいだ、わた
したちはなめらかな岩にもたれかかり耳を傾けていた。その
ガイドは修復の苦労について語り、古い時代におこなわれ
た、誤った修復のやり直しがどうしても必要になると説明し
ていた。西海岸から来た若い記者は個性的なノートに紫色の
ペンで書き込んでいた。彼女はきっと、「i」を書くとき、点
をデイジーの花模様にしたりしているんだろう。記者という
職業を、肩の力の抜けた、女性らしいものとして表現してい
る彼女に感心した。

　しばらくあたりを散策して出発の時間になったとき、その
西海岸から来た記者がペンをなくしたことに気づいた。「お
気に入りのペンなの！」と彼女は大声で言った。どうやら、
そのペンが見つかるまでは日が暮れてもアクロポリスは閉園
しないらしい。わたしたちは全員で岩の上のあちこちを探し
た。ツアー仲間の彼女によろこんでもらいたくて前向きにせ
っせと探す人もいた。わたしは彼女が「i」に点を打っている
のを眺めていた場所を重点的に探した。彼女の愛らしい顔の
周りを濃い色の髪の毛が縁取り、丈の短いスカートは鐘のよ
うにふわっとふくらんでいた。結婚していて幼い娘がいると
言っていた。そして、この旅ではトラブル続きだった。ウィ
ーンで乗り継ぎ便に乗り遅れ、朝は寝過ごし、夜には早々に
ダウンしていた。そうではないかというわたしの疑いを彼女
はあとで認めた——妊娠していたのだ。わたしは鉛筆愛好家
だから（この旅にもブラックウィング社の鉛筆を1ケース持参してい
た）、彼女の文房具愛はよくわかった。そして、岩の割れ目
にペンが挟まっているのを見つけて、思わず「見つけた」と
言ってしまって、「Εύρηκα!」（ユリーカ）と叫ぶ絶好のチャン

スだったのにとすぐに後悔した。見つけた！　ユリーカ！

◎◎

　古代からつづく都市であれば、あまり変化しないのではないかと思いがちだが、大アテネはダイナミックな巨大都市だ。近年では夏季オリンピックが開催され、新空港が完成した。ぴかぴかの地下鉄新路線が開通して運行を開始、アクロポリス博物館も新たにオープンした。アクロポリスの南に位置する、ローズマリーとタイムが植えられた遊歩道の先にこの新しい博物館はある。入り口の幅広のスロープでは、緑色のガラス越しに古代遺跡の発掘現場を見下ろすことができる。そして、博物館のなかに足を踏み入れると、長い通路がつづき、その両側のガラスの向こうにアクロポリスで発見された品が陳列されている。博物館は複数階から成り、それぞれの彫像は、パルテノン神殿に置かれたままなら、そこにあったであろう階層に展示されている。来館者は、床から天井まであるガラス窓の向こうに本物のアクロポリスを眺めながら、メトープやフリーズの細部を自然光で堪能できる。大気汚染による劣化を避けるためにカリアテッド像は博物館内に移されたので間近で観覧でき、複雑に編み込まれた豊かな髪に見とれたり、彼女たちの後ろからのぞき込んで一緒にエレクティオン神殿のポーチに立っている気分を味わったりできる（現在アクロポリスにあるカリアテッド像はレプリカだ）。いまでもロンドンに留め置かれている大理石の神々、悲運の牡牛、いななく馬を設置すべき場所は空白になっていて、ギリシャ人たちの痛切な思いが伝わる。

　わたしが最後にアテネを訪れたのは2017年春だった。このときは報道関係者としての華やかな資格なしでアクロポリ

スに赴いた。混雑を避けるために早めに行こうと思っていた
のに、切符売り場に到着したら午前10時15分になってい
た。すでに気温が上がり、アクロポリスは込み合っていた。
なめらかにすり減って輝きを放つ石の階段で押し合いへし合
いする人の群れにわたしは加わった。園遊会にふさわしい帽
子を被った日本人女性が4人、腕を組んでクスクス笑いなが
ら人ごみをかきわけ進んでいた。妻の写真を撮るから、と男
性に別の場所に移るよう言われた。写真の邪魔は厳禁ってわ
けだ。「大理石には触らないで」と表示してあったら、どれだ
け真摯な気持ちの観光客だって、手を伸ばしてひんやりとし
たピンク色の石を触りたくなるんじゃないだろうか。ダフニ
修道院と同じく、アクロポリスでも修復作業がつづいていた
──足場の上には、これまで見たこともないほど大勢の作業
員がいた。神殿内部で四角い白い傘が作業員たちのための日
陰をつくっていた。ドリルの音が響いていた。柱の一部であ
る円筒、厚板、円盤などが、大きさや形ごとに並べられ分類
されている。まるで、断片の図書館みたいだった。丘の上に
は線路が敷かれ、クレーン、滑車、トラクター、石を満載し
た手押し車などがあった。その光景から現代のテクノロジー
を消したら、もとの神殿が建造された当時の状況とそっくり
になるはずだ。あるときエドがわたしのデスクに置いてくれ
たプルタークの一節を思い出した。アクロポリスで長年労働
に従事した末に引退したラバは毎日そこにやってきて、自分
より若いラバたちを励ましたという。
　アクロポリスの人ごみと足場は、今回は気にならなかっ
た。そんな現代的な装飾が女神アテナとわたしとのあいだを
邪魔するとは思えなかったから。アテナ自ら植えたオリーブ
から代を重ね、現在もアクロポリスに生えている木をわたし
は探した。人ごみから離れて日陰になっている一画に立ち、

作業員のための休憩所らしきスペースを窓からのぞき込んだ。清潔な白い部屋には、飾り気のないテーブル、ベンチ、コンロ、冷蔵庫、湾曲した蛇口のついたシンク、上着をかけるフックがある以外、余分なものは何もなかった。アテナの台所を眺めているようだった。

　わたしは高所恐怖症ではないから、丘の端からメガロポリス（メガロ megalo ＋ポリス polis ＝大都市）の眺めを楽しんだ。建物は山に迫り、海へつづいている。マンションの建物の大きさや様式はどれも似たり寄ったりだ。6階から8階建てで実用的だがブルータリズム〔構造材や設備などを表面に出した、武骨な印象の建築様式〕ではない。白やパステル色の建物正面には、パネルで仕切られたバルコニーが規則正しく並び、日よけやシェードが取り付けられている。屋根の上に乗っている小型のソーラーパネル付き温水器が青いカバみたいだ。それに、あちこちでテレビアンテナが絡まり合っている。まるで絵の具を何層も重ねて偉大な都市を描いたかのようだ。長年のうちに白い層が歯垢のように堆積していき都市全体が彫刻作品になった。

　その日の午前中、アクロポリスの丘を下っていたら、若い女性が笑いころげていた。その笑いは感染力が強くて、まず彼女の仲間が笑い出し、さらに周りの人たちにも笑いは広まった。人混みのなかで足を引きずりながら階段を下りていてもう膝に力が入らない。手を伸ばして大理石に触れたのはバランスを取るためには致し方ないこと——。そのとき、突然こんな思いに襲われた。世界各地から集まった大勢の人たちがアクロポリスの丘を毎日のぼり、アテナ・パルテノスの神殿を訪れている。いっぽう、地元の人たちはすぐれた科学技術を駆使して遺跡内で分類や補強作業に当たり、勤勉に働いている。なんと素晴らしい光景。これは、アテナへの崇拝のひとつのかたちなのだ。

第8章

∞

海！ 海！
[The Sea! The Sea!]

　わたしがギリシャに熱を上げはじめて間もないころ、エド・ストリンガムが教えてくれた3人の作家が、ローレンス・ダレル、ヘンリー・ミラー、パトリック・リー・ファーマーだった。わたしはダレルの詩的な3作品を順にむさぼり読んでいった。『予兆の島』はケルキラ島、『海のヴィーナスの思い出』はロドス島、『にがいレモン』はキプロス島について書かれている。そして、ローレンスの弟のジェラルド・ダレルをエドに紹介するまでになった。ナチュラリストとしての意識に目覚めはじめたケルキラ島での少年時代を振り返る魅力的な回想記、『虫とけものと家族たち』という作品がある（ケルキラ島で有名な作家のダレル兄弟をドロシー・グレゴリーは“ラリーとジェリー”と呼んでいた）。ヘンリー・ミラーの『マルーシの巨像』はローレンス・ダレルの招きに応じてギリシャに滞在したときのことを書いた、たぐいまれなる傑作で、第2次世界大戦直前のギリシャのようすをよくとらえている。しかし、わたしにとって旅の理想のお供は、イギリス出身の作家で戦争の英雄でもあるパトリック・リー・ファーマーだ。パウサニアスのようでいて、英作家ブルース・チャトウィンの雰囲気もあるリー・ファーマーは好奇心旺盛でカリスマ性が

あり、博識で精力的だ。わたしは彼のなかに仲間を見出したような気になった。

　リー・ファーマーが最初に名をあげたのは、第2次世界大戦中にクレタ島で作戦を展開した英国軍の兵士としてだ。クレタ島のゲリラ部隊と協力して、島に侵攻したドイツ軍の指揮官、クライペ将軍を誘拐した。この快挙をもとに制作されたのが、1957年の映画《将軍月光に消ゆ》だ（誘拐作戦に加わったウィリアム・スタンリー・モスが1950年に出した本をもとにしていて、ダーク・ボガードがリー・ファーマーを演じているが、リー・ファーマー本人は本も映画もたいして評価していなかった）。リー・ファーマーの文章は濃密で、記憶が原動力となっていて、知識の幅広さが伝わり、私信のような臨場感がある。風景のなかにしゃがみ込み、メモを取っている作家の姿が読者の心にたしかに浮かぶ。そのメモがまとまった文章になり、のちに数々の傑作に結実するのだ。そしてその著作には、ある種のイギリスの旅行記ジャンルで魅力を放つ独特の見出しが並んでいる。たとえば、「脱穀と選別」、「葡萄酒色の言葉」、「トランシストリアの猫」のような。リー・ファーマーはホメロス的列記に傾倒していたから（3つの例ではとても足りない）、見出しにつづく項目は尻切れになるどころか、どんどん存在感を増していく。『マニ　ペロポネソス半島南部の旅』の最初の数ページでは、「レヴァントの分岐」という見出しのもとに世界中に離散したギリシャ人の「奇妙なコミュニティ」を列挙しているのだが、その数は91にのぼる。そこには、「北マケドニアのスラブ語圏……男根を振り回すティルナヴォスのブラニ祭りを楽しむ人びと……ヴェネツィア貴族のイオニア人……アトス山の隠遁者……アレクサンドリアの綿商人……ドナウ・デルタのギリシャ人……ミストラのビザンツ人……ケファロニア島の狂人……（そして）合衆国帰りの陽気な少年たち」とある。「モザイク

の分布図」と題された箇所では、スパルタにあるグレコ・ローマン様式のモザイクの床が取り上げられている。そこにはオルフェウス、アキレウス、エウロパが描かれていた。近代的なスパルタにいまも残る古代遺産としてはこれが唯一のものであり、住民の祖先である兵士たちはたしかにペロポネソス戦争には勝利したかもしれないが、記念碑を後世に伝える競争には敗北したのだとはっきりわかる。

リー・ファーマーはギリシャ愛好家、とりわけイギリス人愛好家のあいだでカルト的存在だとされている。ギリシャとの縁もかなり深い。40年代にカイロで出会った写真家の妻ジョアンとともに、マニ半島西岸の辺鄙な町、カルダミリ（カルダミリ）に彼は居を構えた。そこでいちばん有名な著作、『贈り物の時』（1977年）を執筆した。これは、30年代前半に、フック・ファン・ホラント〔オランダの沿岸沿いの都市〕から徒歩でコンスタンティノープルを目指した若き日の旅について綴ったものだ。この旅は、『遥かなるドナウ』（1986年）と、未完に終わった『壊れた道』（2013年）につづいている（こんなことを言うのはしのびないけれど、リー・ファーマーは2011年に亡くなった）。彼は望遠鏡を逆からのぞき込んだかのようにして若き日の冒険を語っている。遠くにあるはずのものが、精緻に描かれた細密画のごとく、微に入り細を穿ち書かれているのだ。

パトリック・リー・ファーマーの文章には感染力があるので、読者は彼の足跡をたどってみたくなる。リー・ファーマーが歩いた道をたどり、ヨーロッパ横断4,000キロを果たしたニック・ハントという若い作家は、その経験を『森と水辺を歩く』（2014年）という本にまとめた。最近では、オランダ人の芸術家・野鳥観察家のジャック・グレゴワが「北海から黒海へ」というプロジェクトで同じようにヨーロッパを徒歩で旅して、一連の水彩画を描いた。かく言うわたしも、2000

年に車でだけれども、リー・ファーマーの足跡をたどった。カラマタから、冥界への出入り口だとされるテナロ岬まで、マニ半島の海岸沿いのルートをドライブしたのだ。マニ半島を4分の1ほど南下したところにある物語にあふれた町、カルダミリに彼が妻ジョアンと建てた家にわたしは想像をかきたてられた。リー・ファーマーがその家をベナキ博物館に寄贈したのを受けて博物館側はその家を国際的な文芸イベントをおこなうセンターや作家の滞在場所にする意向があると知ってからは、がぜんその思いは強くなった。

　あるとき《タイムズ文芸付録》を読んでいたら、カルダミリの家のツアーが10ユーロで予約できると書いてあった──プラス、当然そこに行くまでの費用もかかる。それで、2017年3月に、30年前の最初のギリシャ旅行のときよりもゆっくりエーゲ海に滞在するという長年の夢をかなえてギリシャに渡ったとき、ベナキ博物館に宛てて慎重に手紙を書き、当時教わっていたギリシャ語の先生のフリサンティに入念にチェックしてもらったうえで、カルダミリのリー・ファーマーの家を訪問する許可を申請した。博物館からの返信は理解しがたかった。公文書用のギリシャ語で書かれていたし、その内容が気に入らなかったから。スタヴロス・ニアルホス財団文化センターの資金提供による修復作業に許可が下りるのを博物館は待っているらしかった。修復作業が始まれば、観光客はパトリック・リー・ファーマーの家に入れなくなる。そして、わたしはみすみすチャンスを逃がしてしまう……でもまあ、ここはギリシャなのだ。許可が遅れてもおかしくない。わたしはギリシャの神々を頼ることにして、カルダミリを旅程に入れ、最善を願った。

〰〰

212

　カルダミリはホメロスの『イリアス』にも登場する。アキレウスがトロイアとの戦いに復帰したら、その地を与えようとアガメムノンは約束する（『イリアス』のなかでアキレウスはほぼずっと自分の天幕のなかでふてくされていて、唯一戦う気になるのは、アキレウスの鎧に身を包んでトロイア人たちを恐怖に陥れ、ヘクトルによって討たれた親友のパトロクロスの復讐のときだけ、ということを覚えている人もいるだろう）。カルダミリは恵まれた地理条件にあり、厳しい気候から守られている。東にはペロポネソス半島のなかでもひときわ大きなタイゲトス山脈がそびえ、その裾野はマニ半島の先端までつづく。西側にあるメッセニア湾からは、ペロポネソス南部の西端にある半島を望むことができる。冬場は西からの風が気温を安定させる。アキレウスはアガメムノンの贈り物をすべて拒絶はしたが戦線には復帰して命を落とし、その後息子のネオプトレモスが遺体を回収したと伝えられている。

　辺鄙な場所にあるカルダミリに観光客が押し寄せることはないとリー・ファーマーは安心していた。ネオプトレモスはおそらく船でやって来たのだろう。近年、コリントスから半島の奥にあるカラマタをつなぐ現代的な幹線道路が開通したので、陸路で旅がしやすくなった。とはいえ、カラマタからカルダミリまでは、鉄の心臓をもったドライバーが蛇行した道を上がったり下がったりして、何とか切り抜けなければならない難路だ。地図で見ると、道が行ったり来たりして重なり合い、さながら小腸の図といったところ。ところが、山道のくねくね具合を実感するのは、大腸に当たる部分で、そこでは急斜面のジグザグ道を切り抜け、高いところにある断崖のそばを走り抜け、ある瞬間に海が右手のはるか下にあると思ったら、次の瞬間左に現れて目まいがする。イタキ島でバスに乗ったときのことを思い出した。そのときは、メビウ

スの輪のような中心部でひねりを体験した。30キロも走れば海に面したカルダミリが見えてくる。いちばん低くなった地点で、鋭角に曲がればそこは町のビーチで、ホテルやレストランが軒を連ねている。そのまま左側走行をしていれば、町の中心部をドライブできる。ライバル同士の食料品店が隣同士で2軒並び、海釣りができる波止場があり、海を眺められるテラスつきのレストラン、新聞の売店、1、2軒のオリーブオイル専門店、鮮やかな発色のペンキ「フロマタ」を宣伝する、色あせた看板が掲げてある金物屋が現れる。町を出てすぐ南には、宮殿のようなカラミツィ・ホテルがある。地元産の石が使われ、アーチ型の窓があって、赤いタイルの屋根が乗っている。カルダミリのホテルの部屋以上に快適な執筆場所はないとリー・ファーマーはかつて書いた。だから、作家の家を訪問できますようにと祈りながら待つあいだ、わたしはこのホテルの一室に滞在することにした。部屋にはバルコニーがあり、よく手入れされたオリーブや柑橘の畑の向こうに海が見える、素晴らしい眺望が広がっていた。

　海の音が聴こえてきた。それから、鳩笛も。これはやたらとしつこい3連符で、英語の音節だと思って何とか気をたしかにもたなければ、頭がおかしくなりそうだった。「Your・Birth・Day!」(あなたの誕生日) とか、「Your・Broom・Stick!」(あなたの箒の柄) とか。メロディつきの歌が響いてきたので、その発信源を探したら、オレンジ色のくちばしをしたクロウタドリがレモンの木にとまっていた。ヒツジがメエと鳴き、ヤギが鈴をチリンリリンと鳴らした。あるとき、真下からブルーグラスの音楽が聴こえてきた。その週、カルダミリで国際ジャズフェスティバルが開催されていたのだ。ホテルはドイツ人、ノルウェー人、アメリカ人ミュージシャンでごった返した。

　そのホテルには、プライベート・ビーチにつづく急な石の階段があった。わたしはそそくさとその階段を下った。1組のカップルが日光浴をしていて、わたしには知らん顔だ。片目をぎゅっとつむった白髪の男性が階段を降りてきて、泳ごうとしていたので、とっさにその場を離れようとした。「行かなくてもいい──ここにいていい」と、訛りのある英語で男は言った。水着を忘れたからとわたしは説明した。それは本当だ。でも、ビーチを独り占めするほうが好きだ、というのも本当だ。

　部屋に戻るやいなや、そこから見える風景に釘づけになった。灰青色の半島の上に太陽がピンクの染みを残し、淡い青色の繻子を広げたような海が空と調和していた。ただし、表面のない空気の色だけには陰影がなく、光のなかで測られる純粋な距離としてそこに存在していた。手前に見える木立のなかでオリーブの木の幹が官能的にねじれていた。急な斜面を下ったところにある、松、プラタナス、先が細くなった糸杉が生えている場所の下に、メッセニア湾から入り込んだ海水の舌先が伸びていく。その下の水面は、濃い灰色がかった緑青という、ひときわ眠気を催す色をしていた。おそらく木々の翡翠色が映り込んでいたのだろう。その上に夕陽を浴びたタイゲトス山がそびえていた。灰色のその山は岩だらけで、黄色やオレンジ色の岩の崖がいくつもあり、くすんだ緑色の斑点が帯状に広がっていた。自分は裕福だという自覚があり、家や収入にも満足している人は、他人の家や持ち物を見てもちっとも羨ましがらない。わたしもそんな風にして、このホテルの石の止まり木から海の眺めを楽しんだ。海面を見つめてそこから海の深さをさぐった──根源的な美が潜んでいるとしたら、まさにそこではなかろうか。それを感知する第七感が欠けているだけで。旅をしている最中は、ものご

とにたいする感性が研ぎ澄まされる。このときわたしは、歴史的（ヒストリカル）で感情的（ヒステリカル）な美の感覚に包まれていた。

　そんな光景から自分を引きはがして、新聞の売店をのぞきに行った。その店には手作りの看板が店の前に掲げてあり、「Εφημερίδες, βιβλία!」（新聞、本！）と書いてあった（新聞を意味するギリシャ語は英語の「ephemera」（かげろう）、すなわち一日しか命がないもの、と関係がある）。その店ではハイキング・マップや「手作りの品」も売られていた。カウンターの後ろにいる、ハンサムな白髪の店主は、わたしの前にいたドイツ人にたいして鷹揚に接して、なんとか手作り品を売りつけようとしていた。そこへ常連客とおぼしき地元の年配住民がやってきた。店主はカウンターの下にさっと手を伸ばして、客の好みの新聞を取り出す。その年配の客は、小銭入れを開けながら見出しを指さして文句を言った。年金の減額がまた発表されたのだ——国の借金を払うために国民の懐にさらに手を伸ばして、ユーロ圏にとどまろうというのだ。こんな風に罰を受け、老後の生活が苦しくなるとは、ギリシャ人たちはどれほどの辛酸をなめているのだろう。

　その売店には、ドイツの有名鉛筆メーカー、ステッドラー社のペンや鉛筆が、魚雷のような形の巨大鉛筆の先を模したディスプレイ・ユニットに並べられていた。写真に撮りたいと思ったが、さっと携帯電話を取り出して、フレームに収めるのは控えたほうがいいことぐらいわきまえていた。わたしは鉛筆を眺めながら頭のなかを引っかき回して「写真を撮る」というギリシャ語の言い回しを思い出そうとした。そしてようやくカウンターまで行き、店主に「お願いがあるのですが、あなたの大きな芯の写真を撮らせてもらってもよろしいでしょうか」と言葉どおりに訊ねた。何だかいやらしい響きだ。でも、店主は動じなかった。「ναι」と言ってうなず

き、目を細め、両のてのひらを近づけて、大きな鉛筆だけなら撮ってもいいと伝えた。「全部は見せたくないから」と。

　このマニの売店店主ほど情報提供に非協力的な人物はいない。この町の年配者はどんな新聞が好きなのかと訊ねたら、「新聞はたくさん読むから」と答えをはぐらかされた。さらに、「自分の意見は家族にしか言わないから」とつづいた。どうやら、マニではこういう答え方をするものらしい。カルダミリで誰かにいいレストランはないかと訊ねたら、相手は取り澄まして、こっちのレストランが好きな人もいるし、あっちのレストランが好きな人もいると答えるだろう。そして、しまいには逆に、あなたはどんなレストランが好きなんだと訊かれる。

　わたしはその店で何かを買いたかった。店内にはパトリック・リー・ファーマーの本も置いてあった——作家の名前が Πάτρικ Λη Φέρμορ とギリシャ語で書かれているのを見ると嬉しくなる。とはいえ、リー・ファーマーの作品を翻訳で読む気にはならなかったし、そこには置いていなかった、修道院の滞在経験を書いた『沈黙の時』以外の作品はすべて読んでいた。新しく出た書簡集が何巻か置いてあった（リー・ファーマーは手紙魔だったのだ）。でも、重すぎてアメリカに持って帰れない。アルテミス・クーパーによる伝記、『パトリック・リー・ファーマー　ひとつの冒険』も然り。ところが、小さな出版社から出ている薄い本が1冊あった。リー・ファーマーの晩年に自宅を訪ねた、彼の作品のスペイン語翻訳者、ドロレス・パヤスによる『さあ飲もう！』だ。わたしはそれを買い求めた。

　店を出て行こうとすると、店主が話しかけてきて、どこから来て、何の仕事をしているのかと訊ねた。それで、ニューヨークから来たライターだと答えた。店主はわざわざプラトンの栞を選んでくれた。「たくさん本が書けるように」。わた

しの文芸への挑戦にたいしてギリシャでかけてもらったいちばんの祝福の言葉だ。

◎◎

　ハイキングしたり、海で泳いだり、マニ半島をドライブしたりするよりも、バルコニーで過ごす時間のほうが長かった。ようやくわたしも成熟した旅行者になって、ひとところに留まり、そこにたっぷりと浸れるようになったのだ。バルコニーでドロレス・パヤスの本を読んでいたら、いまわたしが眺めている風景が、リー・ファーマー夫妻がずっと前に心を奪われた風景と同じだと知り嬉しくなった。深緑色の糸杉と、それよりも薄い緑色の松の木がビーチまでつづく急な斜面に生え、オリーブや柑橘の木が並んでいるところもある。3年かけて自分たちの家を建てるあいだ、夫妻は自分たちの土地でキャンプ生活をしていた。ホテルによくあるような、岩肌に刻まれた不ぞろいな階段を下って、リー・ファーマーは毎日泳ぎに出かけた。そして、途中の決まった場所に歩行用の杖を隠した。リー・ファーマーは自宅のドアや窓をつねに開けたままにしていた、とドロレス・パヤスは書いている——それで、1匹のヤギが家のなかに駆け込んできたことがあったそうだ。これは、この地方の習慣ではないだろうか。というのも、わたしがホテルの部屋に案内されたとき、バルコニーのドアが開いたままになっていたのだ。わたしは直感的にそのままドアを開けておいた。光、空気、そこからの眺めを一瞬たりとも締め出したくなかったから。

　最初、リー・ファーマー夫妻は地元の人たちに歓迎されなかった。ビーチに建てた小屋は爆破された。イギリスからやってきた夫妻を住民に受け入れさせたのは、当時の町長だっ

た。パトリック・リー・ファーマーはクレタ島のレジスタンス活動の英雄で、クライペ将軍拉致の立役者なのだと住民たちに明かした。さらに、娘のエルピダを夫妻の家に派遣して、家事をさせた。ジョアンはカルダミリの家で2003年に亡くなった。猫が大好きだったから、主寝室には猫ドアがあった。ジョアンが亡くなった日、ギリシャの猫が数匹、そばから離れようとしなかった。リー・ファーマーは加齢とともにほぼ目が見えなくなって、眼帯と眼鏡をつけていた。それでも、ワイングラスがどこにあるかはいつも把握していたという。

メッセニア半島の地平線をたどっていくと、西の端に砂浜の国ピュロスが見える。蜜のように甘い言葉を操るネストルの本拠地だ。ネストルは『イリアス』に登場する老将で、西の砦の領主だ（フィッツジェラルドの翻訳では）。彼はイオニア海を治めていた。ピュロスは近代史にも登場していて、現在ではギリシャ独立戦争で重要な戦いがおこなわれた地として有名だ。1827年のナヴァリノの海戦で、イギリス、フランス、ロシアの連合軍にたいして、トルコとエジプト側は敗北を喫している。ネストルなら、岬にある王城からその戦いを俯瞰していただろう。そしてまちがいなく、その戦い方に物申していたはずだ。ネストルの輝かしい戦歴は過去のものになっていた。彼がトロイアに赴いたのは、アカイア人たちの相談相手になるためだった。ホメロスがネストルにセリフを与えるとき、この老人は必ず長広舌を振るうから、物語の流れがいったん止まる。往時には「二輪戦車の名手」だったネストルは、パトロクロスの弔いの場での戦車レースに出場する息子に、折り返し点ではしっかり手綱を握るようにアドバイスを与える。印象的なのは、ネストルが自分の葡萄酒用の金の杯をトロイアまで持ってきたことだ。ネストルの杯は、『イリアス』に登場するだけでなく、碑文の歴史においても有名

なのだ。ナポリに近いイスキア島で発見された陶器の破片に、これはネストルの杯だと刻まれていた。最初期（紀元前740年ごろ）のギリシャ式アルファベットの使用例だ。わたしは最初、年寄りの気まぐれで杯を荷物に入れたのだと思った。でも、愛用の杯で飲めば、自宅にいるようにくつろいだ気分になれるのでは？　ネストルは、砂浜の国ピュロスをトロイアに持ち込んだのだ。

　トロイアから故郷ピュロスに戻る航海で、ネストルは一切の災難を免れるという幸運に恵まれる。『ネストリアッド』という物語があったら、さぞ眠くなるだろう。『イリアス』における彼の役どころは、アカイア人たちが経験を振り返る基準になるような、不動の何かを提供するということなのかもしれない。もちろん、アカイア人全員が帰郷を望んでいる。戦いに赴くどんな兵士も、生きて故国に帰りたいと思っている。ネストルの事例は、無事故郷に戻れた最高の例なのだ。名前からして暗示的だ。「ノストス」には「帰郷」という意味があり、これは動詞「ネオマイ」（帰郷する）から派生した。ノスタルジアという言葉は、帰郷の概念と、痛みを表すギリシャ語が結びついてできた。つまり、「ホームシック」ということ。『オデュッセイア』の物語の原動力となっているのが、この望郷の念だ。

　饒舌なネストルは『オデュッセイア』でも重要な役割を担っている。メントル（アテナ）の助言に従ったテレマコスは、砂浜の国に赴き、父オデュッセウスの身に何があったのかを老王ネストルに訊ねる。「ネストルが語るうちに、空では陽が傾き、闇が地上を覆いはじめた」。つまり、みんながあくびをする時間になったということ。ネストルの助言を受け入れて、テレマコスは陸路でスパルタに向かい、そこでメネラオス王とヘレネ夫妻と会うが、長居はせず、「望郷の念にか

られてやまないのです」と王に告げる。ピュロスに帰ると
き、彼は同行していたネストルの息子のペイシストラトス
に、船から直接降ろしてほしいと頼んだ。老王ネストルはま
ちがいなく長々と別れを惜しみ、食べ物や贈り物を持たせて
出発を引き伸ばすだろうから、と。

　そろそろ、わたしも少しばかり望郷の念にかられてきた。
自宅を離れて3か月間、たっぷり美に浸った。まずロドス島
で1か月過ごした。地中海のなかで1、2を争う陽光きらめく
島だ。そこでは、わたしの先生の家族が所有する果樹園で、
妙(たえ)なる味がするオレンジを摘んだ。そして、さらにひと月を
パトモス島で過ごした。そして、神学者聖ヨハネ修道院でお
こなわれた聖なる木曜日の洗足式の上空に聖霊が（ドローンの
姿で）浮かんでいるのを目撃した。国際色豊かなミコノス島
で3晩を過ごし、その近くにある、野外博物館になっている
アポロンの聖地で、無人島のデロス島を3日間探検した。そ
して、エーゲ海から、望郷(ノスタルジア)の生まれ故郷であるイオニア海
にやって来て、じつはわたしの文芸の父だったのだと突然気
づいた作家、パトリック・リー・ファーマーの家を訪れよう
としている。

　ノスタルジアはある土地にたいする切なる思いを表す言葉
かもしれない。だが、それはまた、自分がそこにいた時代に
向けるものでもあり、ということは過去の自分を懐かしむ気
持ちでもある。エーゲ海を再訪して、わたしは数々のワーズ
ワース的瞬間を経験した。そしていまこうやってバルコニー
に座って景色を眺めながら、現在と過去の自分を統合しよう
としている。あのころわたしは次々とフェリーに飛び乗り、
葡萄酒色の海の深さを測ろうとして、優秀な言語学者だって
挫折することのある言語をマスターしようと奮闘していた。
ギリシャ語のなかでもがきにもがいた末に、わたしの現代ギ

リシャ語運用能力は1985年にイオニア海のケファロニア島を訪ねたときに早々とピークに達していたのだと気づいた。当時、セパレートタイプの水着を試着し、試着室から出て、とっさに販売員の若い女性に「Είμαι παχιά」（太ってるから）と、ギリシャ語の形容詞の難しい語形に、女性語尾をつけて言ったのだ。すると、彼女は「Οοοχι!」と引き伸ばして言った、「いーーーーえ、全然」。そして、首尾よく1着販売した。わたしのういういしい胴回りには、日焼けの跡が波のように残った。

　ギリシャ語をいくつも知っていた。でもだからと言って、現代ギリシャ語がすらすらしゃべれるわけではないし、古典学者の域にも達していない。わたしは自分ではなくて、言葉そのものを愛していた。わたしの心は浅い川床のようなもので、そこには独自の人類学的地層があって、ときどきそこから何かが発掘される。古典語であれ、現代語であれ、結局ギリシャ語はマスターできていない。でも、言語の知恵やパターンを垣間見ることができたし、取り入れたアルファベット24文字を駆使して、ギリシャ人たちが誰かが言いそうなことならなんでも書き残しておこうとしたようすも知った。

　もしかしたら、これが最後のギリシャ旅になるかもしれない――これまでで最後で最長の旅となっているのはたしかだ。以前は一年じゅうギリシャで過ごせたらと思っていた。夏至や冬至、春分や秋分をすべてギリシャで過ごし、また次の夏至を迎える。そんな旅をしていたら流浪の身になったような気がするのではないだろうか。パトリック・リー・ファーマーとは共通点があった。わたしにはギリシャで過ごした過去の歴史、つまり若いころの旅の思い出がある。それに、自分が経験したことを、文豪ばりのスタイルで並べていくことだってできる。ケルキラ島の中心街で、聖スピリドンの聖

遺骸が運ばれていくのを見たことがある。それは棕櫚の主日のお祝いで、聖者はガラス製の棺のなかで軽やかに揺れていた（ドロシー・グレゴリーからもらった手紙には「イースターの時期のケルキラ島ほど絵になる風景はありません」と書いてあった）。ナクソス島で友人のポーラと一緒に道を曲がる場所をまちがえて、思いがけずエメリー鉱の採掘現場を見学することになった（そんな場所があるだなんて、びっくりだった）。渓谷から鉱石を運び出す、昔風の椅子リフトのシステムに目をみはった。それから道の先にあった、リオナスの白い小石の浜にすべり込んだ。そこでは水晶のように透明な水が手招きしていた。地元の住民が出てきて、手を振って挨拶してくれた。またあるときは、キプロス島の山のなかの簡素なホテルに泊まっていて、通りの向かいのカフェニオンで鳥がさえずるようにおしゃべりに興じるギリシャの男たちの声がうるさくて目が覚めた。アンディパロスの風景のなかで、ギリシャ愛好家仲間のシンシアと車を飛ばし、女狩人のごとく、申し分のない食堂（タヴェルナ）を追い求めた。アテネで渋滞に巻き込まれたバスのなかでトルコ人アンドレアスと話していて、彼がスタバを気に入らない理由（「ネスカフェがないから」）を説明するのを聞いてゲラゲラ笑った。行きたい場所はまだある──シフノス島、キティラ島、ポロス島、フォレガンドロス島、ニシロス島、スペツェス島、イドラ島。それに、わたしはギリシャ語のマスターだってまだあきらめていない。でも、ふと気がつくと、テレマコスと声をそろえて、「望郷の念にかられてやまないのです」と言えるようになっていた。

◎◎

　ついにその日が来て、わたしは許可をもらった。とうとう

パトリック・リー・ファーマーの家を訪問できるようになったのだ。ベナキ博物館にもう1通手紙を出していた（今度は英語で）。そして、改修作業開始の許可が遅れているという返事を受け取った。作家の家からは本や家具は取りのぞかれていたが、改修作業じたいはまだ始まっていない。さらに、人気が高まっているため、博物館側はツアーを許可することにした、と。その日、わたしは念入りに身だしなみを整えた。野球帽ではなく日よけ帽を選び、スポーツブラではなく、しっかりしたワイヤー入りブラを身につけた──アテナがつけるような、頑丈な胸当てを引き上げている気分だった。いちばん似合う黒いズボンを履き、それに青のトップスを合わせ、ターコイズ色のシャツを羽織った。足元はサンダルではなく、トレッキングシューズだ。サングラス、電話、ノート、財布を入れた小ぶりなショルダーバックだけを持っていった。余分なものは一切入れていない──日焼け止めやビーチ用品はなしだ。これは真摯な思いを込めたミッションなのだから。オリーブの林を抜けて近道をした。黄色いちょうちょがひらひらと木々のあいだを飛び、わたしの興奮が伝わったみたいだ──感傷的虚偽〔無生物に感情を見出すこと〕というやつだ。何かが道にたくさん落ちていたので、最初は動物のフンだと思ったら、雌ヒツジが仔ヒツジに乳をやりながら寄り添っているそばを通り過ぎたときに、たくさん実をつけた桑の木の下を歩いていることに気づいた。ためしにその実を拾い上げてみた。それから、帽子の中にいくつか拾い上げて、家政婦のミセス・エルピダ・ベロヤニへのお土産にすることにした。彼女はリー・ファーマー家で働いていた人、そのことはドロレス・パヤスの本で知っていた。

　リー・ファーマーの家に到着すると、すでにドイツ人夫婦がいた。それから、ホテルの朝食の席で見覚えがある、おし

ゃべりな英国人夫婦が車でやってきた。家の外には、タイヤ
がパンクして、屋根の塗装がはがれかかったグレーの車が停
めてあった。訪問客の役に立つようにリー・ファーマーが所
有していた車だと、あとで説明を聞いた。家を取り囲む壁に
は、青いペンキ塗りの、両開きの扉があって、高い位置に小
さな格子窓がついていたので、背の高い人ならそこからなか
をのぞき込めそうだ。マニでは青を基調とする色遣いをよく
目にした。水色、淡い緑、そして薄い灰色——そう、グラウ
コスだ！ ギリシャを旅していると、閉ざされた扉の向こう
側に立ちつくして不満を抱くこともしょっちゅうだった。開
かずの扉なんて、存在しないも同然ではないか。でも、ひと
たび扉が開け放たれたら、それは全世界への招待状になる
——いまその枠のなかにエルピダを収めているこの扉のよう
に。根元が灰色になった赤毛のエルピダは、ターコイズ、ピ
ンク、ロイヤル・ブルーの、キスをする大きな3つの唇が描
かれた黒いぶかぶかのTシャツを着ていた。

　なかに入っても、まだ外にいた。小石のモザイクが敷かれ
た、アーチ付きの、オープンエアの通路にわたしたちは足を
踏み入れた。「このモザイクはギーカスがデザインしたんで
すよ」と、身振り手振りを交え、エルピダが英語で説明し
た。イギリス人女性に「ギーカスって、誰？」と訊かれたの
で、わたしは優越感に浸りながら「画家よ」と答えた。ニコ
ス・ギーカスと妻のティジー（アンティゴネーの短縮形だ）はリ
ー・ファーマーの友人だった。ギーカスはアテネの自宅をベ
ナキ博物館に寄贈していて、それは現在スタジオ形式の博物
館になっている。ギーカスが手がけたアートは壁にも埋め込
まれていた。石膏の壁に石の顔が彫られていて、その周りを
赤い点線が囲んでいる。その下には、「ΠΡΟΣΟΧΗ!」（注意！）
と手書きされていた。窓枠だったであろう枠のなかに、水色

と茶色の、チョークで描いたかのような絵が収まっていて、猫（あるいはキツネ）が後ろ脚で立って魚を捕まえようとするようすが描かれていた。カルダミリにある家は——それどころかマニじゅうの家は——タイゲトス山から切り出された地元の石で建てられている。道沿いで男たちが木槌やのみで石を砕き、粗いブロック状にしているところを目にしていた。コッツウォルズの石のコテージ、シチリア島の黄色い砂岩やカタニアの黒い溶岩石でできた家々など、地元の石で建てられたヨーロッパの家には、その土地とのつながりを強く感じる——山から石を切り出してきて、それをブロック状にし、大地をひっくり返して、反対側の壁に縫いつける。マニでは、家を建てる人たちは石にジョークを刻み、壁に自画像を埋め込む。リー・ファーマーは、ある窓の周りを貝殻で囲った。ドアの並びにある、幅の狭い縦長の壁龕（ニッチ）の内部にはガラス棚が置かれ、その奥は鏡になっていて、なかをのぞき込もうとする者の姿を映す。アーケードを抜けてドアを開けると、寝室、キッチン、そして階下への階段が現れた。エルピダは主寝室のドアを開けた。わたしはパヤスの本を読んでいたから、ジョアンの部屋だとわかった。下のほうに小さな鏡が置かれていて、猫ドアはふさがれていた。リー・ファーマー自身は離れにあるスタジオで寝ていた。

　居間と食堂はとにかく広くて、いっぽうの端に窓がいくつか並び、その横に薄いマットレスが敷いてある台が造りつけられていて、談話の場を提供しているようだった。どの壁にも、ぐらぐらする本棚が立っていた。蔵書はすでに撤去され、ベナキ博物館で保存されている。炎をかたどった暖炉があった。これはイスタンブールのモスク建築の意匠を取り入れたものだ。家の主（あるじ）の趣向を説明しようとして、「リー・ファーマーは旅人でした」とエルピダは言った。木の格天井に

石の床。部屋の中央には、とがった先がいくつもある星のような形をした斑岩の板が飾ってあった。「これは持って帰ろう」と、ドイツ人が冗談を言っていた。

　わたしはなぜここに来たかったのだろう？　何が見られると期待していたのか？　この家を訪れたら、ギリシャ愛好家のなかでもひときわ傑出したパトリック・リー・ファーマーに近づけると、どうして思ったのか。リー・ファーマーはとても社交的だった——クレタ島ではなくカルダミリを選んだのは、辺鄙な場所だったから。クレタ島に住んでいたら、仕事は一向に終わらなかっただろう。この家から家具が撤去されているのが、わたしには嬉しかった。でも、本があったら楽しめただろう。わたしはエルピダに、酒を置いたテーブルはどこにあったのかと訊ねた。リー・ファーマーはワイン、とくにネメアの赤を切らさなかった、とドロレス・パヤスの本に書いてあったのだ。だからこそ、わたしはこの場所を、ペロポネソスの端っこにある、この家が気に入ったのだろう。わたしが賞賛してやまないギリシャの美点がここにはあるから——余分なものはまったくないのに、気前のよさがある。

　庭には、岩や小石のモザイクでできた花壇に、育ちすぎたローズマリーが植わっていて、オリーブの木に囲まれた木のベンチがあった。遠くの端には、海を見下ろす崖の上に石のベンチが置かれていた。その左側には、ホテルの部屋のバルコニーからも見える、松と糸杉が並んでいた。このどこかに、ビーチにつづく階段があるはずだ。

　家のなかに戻ると、エルピダが気長に待っていてくれた。バースからやって来たイギリス人夫妻が、そろそろ料金を支払う頃合いではないかと訊ねた。エルピダは、ひとり5ユーロですと言った。ところが、わたしは10ユーロ札しか持っておらず、エルピダもお釣りを用意していなかった。余分な

5ユーロはよろこんで寄付すると言ったら、エルピダに文句を言われた。「それだと、わたしがもう1枚領収書を書かないといけなくなる」そう言って、彼女は自分のポケットからお釣りを出してくれた。わたしはそこにできるだけ留まり、エルピダに桑の実を差し出した（失礼にならないよう、彼女はひとつだけつまんだ）。「Είναι δύσκολο να φύγει」とわたしは言ったが、人称をまちがえた。（「わたしはここを去りがたい」と言いたかったのに「彼はここを去りがたい」と言ってしまったのだ）。エルピダはそれを聞き流した。

◎◎

　その後、リー・ファーマーの家から道を下ってカラミツィ・タウン・ビーチに行った。こぶし大の石がごろごろしていたから歩きにくかった。わたしは大きな石を踏みしめながらホテルの方角に進んだ。このまま進んで行けるのかよくわからなかったが、曲がり角の向こうに何があるのか確かめないと気が済まない性分なのだ。それに、リー・ファーマーが泳いだビーチにつづく石の階段も見つけたいと思っていた。そのまま岩のあいだを進んで行ったら、その先に人気のない入り江が現れた。糸杉が3本生え、反対側の巨岩が通せんぼをしていた。そして、シダの茂みに、幅の狭い、崖に刻まれた石の階段が隠れていた。3段目に南京錠をかけた門がある。リー・ファーマーの階段だ。わたしはいま、彼が毎日泳いでいたビーチにいる。

　わたしは快適に座れる岩に腰かけて、あたりを眺めた。岩、海、糸杉、沖に浮かぶ島が見える。黄色のちょうちょがこのビーチにも飛んでいる。海で泳ぎたくなって、ホテルの部屋のバルコニーで洗濯ひもにかかったままの水着が頭に浮

228

かんだ。下着でも泳げる。でも、帰るときに気持ち悪い思い
をするだろう。それで、あの危険を冒すことにした。そうな
のだ、読者諸君。わたしはまたしても服を脱いだ——シャ
ツ、トレッキングシューズ、ズボン、ブラ、下着を——それ
から、石の上をそろそろと進んでいき、頭から水に飛び込ん
だ。このきらめく場所で、ばしゃばしゃと泳ぎ回るのは爽快
な気分だった。離れたところで海面にさざ波が立っていたか
ら岩礁でもあるのだろう。でも、ニンフのコーラス・ライン
が水を蹴っていると考えたくなった。海水の動きのひとつひ
とつが生き生きとして、目的をもち、個性にあふれていた
——そこからいつ神や怪物が現れてもおかしくなかった。わ
たしは大きな岩の周りをぐるっと泳いで、洞穴を見つけた。
そこに吸い込まれる海水が奇妙な音を立てていた。その奥を
探ったりはしなかった。鈴の音が聴こえてきて、海岸に続く
高い岩を飛び越えて来る数匹のヤギの姿が見えた。海のなか
からヤギを見るのははじめてだったから嬉しかった。泳いで
ビーチに戻り、湿った岩をよじ登って、さきほどの岩まで戻
り、そよ風に吹かれて身体を乾かした。ひと泳ぎしてすっか
りリラックスしていたから、誰かがあのぐらぐらする岩を歩
いてやってくるだなんて、これっぽっちも心配していなかっ
た。だから、ふと見上げたら、バックパックを背負い、トレ
ッキングシューズを履いた、黒髪の若い男性がわたしが来た
道を通ってこっちに来るのが見えて、びっくり仰天した。叫
び声を上げ、シャツを取って、身体の前を隠した。「ごめん
なさい！」と大声で言った。「誰もいないと思ったから！」す
ると、その若者は、大丈夫だと仕草で示した。胸は覆わなく
てもいい。彼はそのまま通りすぎていき、自分も服を脱いで
海に歩いて入った。そこで少し水と戯れていたが、海にはつ
からなかった。わたしはそっちを見ないようにした。という

か、見ているのを気づかれないようにした。でも、彼が海から上がって、バックパックからスケッチブックを取り出し、しばらくのあいだビーチに座って何かを描いているのか、書きつけているのかしているのを目の隅から観察していた。

　わたしがズボンを穿きシャツを着ると、ほぼ同時に若者も同じようにした。下着は帽子につめ込んだ。若者が去っていくとき、わたしは服を着た状態で、さよならとうなずいた。彼はわたしの背後で道をたどっていき、しばらくしてわたしもそのあとを追った。ビーチで全裸でいるところを誰かに見られるだなんて、人に起こりうる恥ずかしいことの最たるものではないか。でも、それよりもっと恥ずかしいのは、裸を見られたうえに服を盗まれて、まるで夢のなかにいるような気分で裸のままオリーブの木立のあいだをこそこそと帰っていき、いまここに羊飼いが現れて羊毛を譲ってくれないかと願うような状況だけど。アルテミスやアフロディテなどの女神たちが森のなかで水浴びしている場面に人間が出くわす神話を思い浮かべた。わたしが唯一似ている裸婦像は、ルシアン・フロイドの描く肖像画だ。でも、恐ろしいことは何も起こらなかったではないか——誰かと鉢合わせても、罪悪感や恥ずかしさは尾を引かなかった。ペロポネソスのビーチでわたしが裸でいたって誰も気にしない。パトリック・リー・ファーマーのビーチで、わたしは受け入れられていた。

　ホテルへの道すがら、帽子が震えているのをずっと感じていた（頭に被っておらず、手で持っていた）。携帯電話の振動かと思った。でも携帯は、ノートや財布や眼鏡と一緒にショルダーバッグのなかにある。ホテルの部屋に入る前に、低い石の壁の上に帽子を逆さまにした。そして、そこから下着を引き抜いたら、黄色いちょうちょがひらりと庭に飛び出した。

謝辞

この界隈でアクロポリスと呼ばれるビルの屋上にバラ色の指が触れるのを眺めながら、先行するすべての作家、旅行者、学者、翻訳家、ギリシャ愛好家に感謝を捧げます。わたしの言葉のひとつひとつの裏には、3000年近い歴史に相応しい言語と学識を供えた先人たちの軍団が控えているのです。

本書がかたちになるまでに多くの人にお力添えをいただきました。なかでも W.W. ノートン社の担当編集者マット・ウィーランドにギリシャについて書いてみてはどうかと提案されたとき、わたしは驚き嬉しくなりました。以来、彼は忍耐強い仕事ぶりで混沌に形を与え、おまけにギリシャ語だってひとつ覚えたのです (ο ϱάφτης!)。

次に、イーヴィタス・クリエイティヴ・マネジメント社のデイヴィッド・クーン、ネイト・マスカット、ベッキー・スウェレンのみなさんは、古いものから新しいものをクリエイトする楽しさを分かち合ってくれました。

支援はあちこちから届きました。ケルキラ島からはドロシー・グレゴリー。わたしをつねに励ましてくれた先生であり、人生で彼女と関わったことのある人の心のなかに生き続けています。また別の親切な先生、フリサンティ・フィリパルトスは、アストリアの自宅にわたしを歓迎してくれただけでなく、ロドス島にある故郷の村に送り込んでくれました。ケファロニア島のコスタス・クリストフォラトスは、わたしのたどたどしいギリシャ語を快く訂正してくれました。ピーター・ビエンはアディロンダック山地にある自宅からギリシャ語とグリーキッシュの相談に乗ってくれました。シンシア・コッツは現代ギリシャ語の見識を伝授してくれました。たまにアシルティコのワインボトルとともに。

プリンストン大学のフローマ・ザイトリンは過去から現れました。ローラ・M・スラットキンとチャールズ・マーシアーは豊富な知識でわたしを助けに来てくれました。メイン州沿岸地方では、キャロライン・アレクサンダーが、古典学者、作家、もてなし役としての3つの務めを果たしてくれました。

　事実確認係のボビー・ベアードと校正者のエリザベス・マクリンは、わたしが悲嘆に暮れるのを未然に防いでくれました。ジョン・マカフィーは、キプロスとアクロポリスの地質にかんする情報を提供してくれました。ジョン・ベネット、ニコラス・ニアルコス、ブルース・ダイオニースは重要な局面で情熱を燃やしてくれました。ニック・トラウトウェインとドロシー・ウィケンデンは、わたしが突撃していくことになる人たちの名前を教えてくれました。わたしの本棚に入っている、エドワード・M・ストリンガムの贈り物からは恩恵を受け取りっぱなしでした。そして忘れてはならないのは、『ニューヨーカー』とアドバンス・マガジン・パブリッシャー社が長年にわたりギリシャ語学習の資金を提供してくれたという事実です。彼らが後悔しませんように。

　ロドス島では、エーゲ海大学のエレニ・スコウトロウ、ヴァシリア・カズーリに知己を得ました。アテネではユージニア・ジルジラキとジョージ・コリヴァスに元気をもらいました。それと、リチャード・ムーアからも。ギリシャで仲良くしてくれた、ナンシー・ホリヨーク、ドワイト・アレン、カール・ロアー、デニス・ロディーノ、サム・ロディーノ、故ビル・ギフォード、グレゴリー・マグワイア、ヒラリー・キンガム、ポーラ・ロススタイン、シンシア・コッツ（2度目！）、そしてアンジェリカ・グロワー（別名パトモス島のアンナ）。2012年に、デボラ・ジスカ、クリスティー・マイナーズ、ジェームズ・コナウェイ、アンドレアス・スタマティオ、アンドレアス・スピローと同行した旅のきっかけをつくってくれたのは、ケヴィン・コンリーでした。この旅を機に、ベナキ博物館のミセス・ミルト・カウキと手紙のやりとりをするようになり、それがのちのカルダミリ訪問につながりました。

　F・リン・バクレダ、アニー・フリーマン、アラン・ルクワイア、ウェスレー・ペインを通してナッシュヴィルからインスピレーションを受け取りました。プリンスエドワード島でおこなわれたヴィクトリア文芸フェスティバルの滞在型プログラムにも感謝します。わたしはそこで、パム・ライス、リンダ・ギルバート、エマ・プライス、J・C・ハンフリーズ、モー・ダフィー・コッブ、レクシーとリー・ウッドと語り合い、そのおかげでギリシャ・アルファベ

ットを再考案することができました。ピーター・ソコロウスキーは
メリアム・ウェブスター社でわたしを担当してくれています。アン
ドレア・ロセラは生まれ故郷のシチリア島の伝承を教えてくれ、ジョン・ポープはファイ・ベータ・カッパの件でニューオリンズから
手助けしてくれました。ジェイコ・デ・グルートは、スキロス島や
アムステルダムから本や記事の切り抜きを送ってくれました。地元
ニューヨークではファッション工科大学のリンダ・アングリーリの
後押しを受け、遅咲きのラテン語愛好家アン・パティという同類を
得ました。教育者で、生涯にわたるギリシャ愛好家のシンディ・カ
ルダー、伝統の継承者であるスザンナ・コフィー。ジョージ・ギブ
スンはニコラス・ヒューメズとつないでくれ、ノリーン・トマッシ
はエレイン・ムーア・ヒルシュを紹介してくれ、ウォルター・スト
ラチョウスキーは偶然見つけた本を玄関先に置いてくれました。ジェーン・シュルマンはそのような本を郵送してくれました。イスリー・サムバーグとは忘れがたい仕事をしました。

　版元である W.W. ノートン社からはたくさんの祝福が届きました。ジュリア・ライトヘッド、ナンシー・パルムキスト、ドン・リ
フキン、インスー・リュー、アナ・オラー、エリン・シンスキー・
ロヴェット、ダン・クリスチャンズ、ザリーナ・パトワ、レミー・
カウリー、素晴らしい表紙をデザインしてくれたニック・ミサニに
たいへんお世話になりました。

　メアリー・グリム、スーザン・グリム、トリシア・スプリングス
タッブ、クリスティン・オルソンの「タホーガールズ」は、その洞
察にあふれた読み解きと素晴らしい批評により、わたしをさらなる
高みに引き上げてくれました。ケリーズ島の常連、チャールズ・オ
ベンドーフ、ジェフ・ガンディー、ドナ・ジャレル、スーザン・カ
ーペンター、ローラ・ウォルター、ジャッキー・カミンスは、故郷
のエリー湖にわたしをつなぎ止めてくれます。

　デニス・ロディーノ、クランシー・オコナー、アン・ゴールドス
タイン、エリザベス・ピアソン・グリフィス、トビー・アラン・シ
ュスト、エミリー・ナン、ダン・カウフマン、シャロン・キャメロ
ン、バレット・マンデル、アリス・トラックス、ジャネット・アラ
モウィッツ、ヴィッキー・ディスジャーデインス、ラディ・デライ

ラ、ペネロペ・ローランズ、J・キャスリーン・ホワイト、ペニー・リン・ホワイト、ヴィッキー・ラーブ、ナンシー・ウッドラフ・ハミルトン、そしてリンズリー・キャメロン・ミヨシの幽霊の長年の変わらぬ友情に感謝を。

　わたしの最初の作文の先生を買って出て、リュケイオンでギリシャ語の意味をはじめて教えてくれた（「ユリーカ！（Eureka!）　臭いのはおまえだな！」）、兄のマイルズ。わたしが誠実でいられ、情熱を燃やし続けられるのは妹のディーのおかげです。

旅について語るときにわたしたちが語ること　訳者あとがき

　本書は、Mary Norris, *Greek to Me: Adventures of the Comma Queen*（W.W.Norton, 2019）の全訳である。著者メアリ・ノリスの2冊目のエッセイ集で、前作 *Between You & Me: Confessions of a Comma Queen*（W.W.Norton, 2015）は『カンマの女王　「ニューヨーカー」校正係のここだけの話』（有好宏文訳、柏書房、2020年）として日本でも翻訳出版されているので、「カンマの女王」としての著者をご存じの方もおいでだろう。著者は1952年生まれ、本書でも何度か言及されるようにアメリカ中西部の五大湖のひとつ、エリー湖畔のオハイオ州クリーブランドの地でカトリック信仰をもつ家庭に育ち、ニュージャージー州にあるラトガース大学卒業後は貸衣装会社や牛乳配達人などの職を転々とした。その後ヴァーモント大学で英文学の大学院修士課程を修了したのちにニューヨークに出て、縁あって老舗雑誌『ニューヨーカー』に職を得、校正者として同誌の文章の正確性を担保する仕事に長年従事した。職業柄言葉にかんする知識は豊富、アメリカでは入手が難しくなってきている No.1 の（日本では「B」の濃さに相当）鉛筆を愛用し、鉛筆の使い勝手については一家言をもつ「鉛筆狂」であるなど、オタク気質のこだわりの人でもある。前著『カンマの女王』は、そんな彼女の校正者としての経験から得た知見がもとになっていて、英語という言語の奥深さを実感できる味わい深いエッセイになっているのだが、そこから一転、本書で女王が冒険の旅にお出ましになるのは、なんとギリシャ語の世界であり、青い空と海が広がり、暁の空が古来「バラ色の指先」にたとえられる現代ギリシャである。つまり、著者の知られざる魅力が明らかになる一冊となっているのだ。

　本書で綴られるのは、ギリシャ語やギリシャへの旅にまつわるあれこれであり、読み進めるうちに著者の人生のハイライトまでもが浮かび上がるところが大きな魅力といえる。松尾芭蕉『おくのほそ道』の冒頭部には「月日は百代の過客にして、行き交う年もまた旅人なり（歳月というのは永遠の旅人であり、やっては過ぎていく年も旅人である）」という有名な一節があるけれども、人生はしばしば旅に

たとえられ、旅は人生にたとえられる。となると、旅（「語学への旅」を含む）の軌跡を綴った旅行記に人生の来し方が透けて見えるのも当然のことなのかもしれない。

"It's Greek to me." といえば、「ちんぷんかんぷんだ」という意味の慣用表現であり（本文中でも紹介されているとおり、シェイクスピアの戯曲《ジュリアス・シーザー》内の登場人物キャスカのセリフとして有名）、ギリシャ語（Greek）は英語圏においては「難解なもの」を表す言葉とされている。著者はそんなギリシャ語の現代語だけにとどまらず、古典語にも果敢に挑み、素晴らしい師との出会いもあって学びを深めていく。でもそれは、何のために？　このあたりの詳細は本文をお読みいただくとして、私ごとになるが訳者は大人から始めて下手の横好きでヴァイオリンのレッスンに細々と通っている。それは、何のために？　教室にもよるが、ヴァイオリンのような難しい楽器を習っている生徒は圧倒的に子どもが多く、発表会に出向けば同年代の女性はそのようなお子さんの保護者である場合が多い。これから先も人生の時間に恵まれている子どものほうが「伸びしろ」が大きいと考えるのは理にかなっている。「効率」だっていいだろう。でも、大人の趣味というのは、そんな「効率」を度外視した、ただ「好き」という気持ちに突き動かされたものである場合が多いのではないだろうか。著者メアリ・ノリスとて、『ニューヨーカー』での仕事のかたわら30代からギリシャ語を学びはじめ、古典語、現代語ともに完全にマスターする域にはまだ達していない（ヴァイオリンと同じくギリシャ語も習得が難しいのだ）。だが、彼女のギリシャ語にかける情熱が、「好き」の奔流があふれている本書を読めば、「効率」だとか「有用性」を超えたところにひときわ豊かな世界が広がっていることを実感していただけるはずだ。

さまざまな味わいのある本書であるが、まずは大人の語学学習の記録として読んでも興味深い。著者によって解説されるギリシャ語と英語のつながりから、言葉にたいする新しい発見があるだろう。さらにはギリシャ旅行記としても抜群の面白さだ。若いころの、島から島へと軽快に飛び移る、さっそうとした勢いに満ちた旅、そして年月を経てひとところに留まって景色を楽しめるようになるまで。齢を重ねて旅のスタイルを振り返る著者の筆致からは、過ぎ去

りし日々へのノスタルジーだとか、自分が下してきた決断、歩いてきた道の意味をかみしめるようなそんな雰囲気が感じられ、まさに「旅を語ること＝人生を語ること」になっている。そして、そのなかで家族との関係というテーマも浮かび上がる。前著『カンマの女王』でも、代名詞について論じた部分で弟ディーにトランスセクシャルだと打ち明けられたという印象的な逸話が出てくるが、本書では兄弟のことはもちろん、父や母とのあいだに抱えた葛藤や、ギリシャ神話の女神アテナにロールモデルを見出しながら人生を歩いてきた軌跡が語られる。語学学習の記録や旅行記を読んでいると思ったら、職業と趣味を両立しながら自立して生きてきた、ひとりの女性の悲喜こもごもの人生の物語を読んでいたのだと気づくことになる。ネタバレになるので詳しく書くのは控えるが、本書ラストの著者の姿はそれまでの人生を全肯定しているようで、たいへんにすがすがしい。是非そこまでの過程をじっくりと味わっていただきたい。

　またしても私ごとになるが、慣れないギリシャ語や、絶妙なユーモアがじんわりと染み出す一筋縄ではいかない著者の文章に苦戦して思いがけず長くかかってしまった本書の翻訳を終えた秋の日、ふと庭に目をやると満開のコスモスの花の周りで黄色いちょうちょがひらひらと飛んでいた。本書の終章でも、黄色いちょうちょは著者の周りに現れる。不思議なシンクロニシティを感じながらも、「コスモス cosmos」とは花の名を指す以外にも「宇宙、世界」を意味するギリシャ語由来の言葉であり、どこにいても宇宙はつながっていて、人の心はどこまでも探求し豊かにしていくことができるのだ、ということではないかと感じた。メアリ・ノリスの黄色いちょうちょが教えてくれたのは、その探求がどんな結末を迎えようと、それまでの道のりを振り返ったとき、人の胸には去来する思いがあり感慨を覚えるものであって、それが人生の味わい、豊かさなのだということだ。

　クイーンに献酒を！

　最後に、一冊の書籍の翻訳という営みは訳者ひとりの力で成し遂げるものでは決してありません。小柳学さんをはじめとする左右社

237

のみなさん、ギリシャにたいしてひとかたならぬ思い入れをおもちの担当編集者の東辻浩太郎さん、著者の同業者で抜け目のない校正をしてくださった唐作桂子さん、監修をしてくださり本書の信頼性を高めてくださった、近現代ギリシア思想史・文学の研究者でいらっしゃる福田耕佑さん、スタイリッシュな装丁デザインを手掛けてくださった松田行正さんなど、本書に関わってくださったすべての人に感謝いたします。ただし、訳文に瑕疵があった場合その責を負うのは翻訳者であるわたしです。また、有好宏文さんが訳された『カンマの女王』はもちろん、ホメロス『オデュッセイア上・下』（松平千秋訳、岩波文庫）をはじめとする古典翻訳、さらに旅の部分にかんしては『地球の歩き方　ギリシアとエーゲ海の島々＆キプロス』（地球の歩き方編集室）など翻訳にあたって数多くの書籍・文献を参考にさせていただきました。長丁場の翻訳作業を導いてくれた「ムーサたち」や、本書と出会ってくださった読者のみなさん、そして日々の訳業を支えてくれる家族に感謝します。

2023年11月5日　竹内要江

Mary Norris （メアリ・ノリス）

1978年から『ザ・ニューヨーカー』誌で24年間、校正者として勤務。
同誌の名物コーナー「the Talk of the Town」やウェブサイトに寄稿。
最初のエッセイ『Between You & Me: Confessions of a Comma
Queen』(2015年、邦訳『カンマの女王』)が絶賛される。本書はノ
リスの生涯に渡るギリシャ語、ギリシャ神話、ギリシャ文化への
愛を注ぎ込んだ2作目。

竹内要江 （たけうち・としえ）

翻訳家。訳書にジェニー・オデル『何もしない』、ナオミ・イシグ
ロ『逃げ道』、コーリー・スタンパー『ウェブスター辞書あるいは
英語をめぐる冒険』(共訳)など。

GREEK TO ME
カンマの女王のギリシャ語をめぐる
向こう見ずで知的な冒険

2024年1月15日　第1刷発行

著者　　メアリ・ノリス

翻訳　　竹内要江
校正・監修　唐作桂子、福田耕佑（ギリシャ語監修）
発行者　小柳学
発行所　株式会社左右社
　　　　東京都渋谷区千駄ヶ谷3-55-12　ヴィラパルテノンB1
　　　　TEL. 03-5786-6030　FAX. 03-5786-6032
　　　　https://www.sayusha.com

装幀　　松田行正＋杉本聖士
印刷所　創栄図書印刷株式会社

左右社の本

セミコロン　セシリア・ワトソン

萩澤大輝＋倉林秀男訳／本体 2,200 円＋税

英文法の世界でいくたびも論争を巻き起こしてきた「；」。文法家たちの壮絶なバトル、その酒は呑めるのか呑めぬのか、句読点一つで人が死ぬ──。小さなトラブルメーカーが巻き起こす波乱万丈の文化史！　柴田元幸氏、鴻巣友季子氏推薦。書評多数掲載

ウェブスター辞書あるいは
英語をめぐる冒険　コーリー・スタンパー

鴻巣友季子＋竹内要江＋木下眞穂＋ラッシャー貴子＋手嶋由美子＋井口富美子訳／本体 2,700 円＋税

知られざる英語辞書の世界とその秘密。伝統ある辞書出版社メリアム・ウェブスター社の編纂者がさまざまな角度から英語とは何かを解き明かす 14 章。辞書から見ると英語はこんなに面白い！池澤夏樹氏、阿部公彦氏推薦。［2 刷］